女性の幸せの見つけ方

HOW TO FIND
HAPPINESS FOR WOMEN

運命が開く7つの扉

本田健
KEN HONDA

きずな出版

はじめに――
あなたにとっての幸せな生き方とは

この本を手にとってくださって、ありがとうございます。

女性の幸せには、いろんなかたちがあると思いますが、この本のなかに、あなたの理想の人生のイメージがたくさん出てきます。その一方で、あなたが、ふだんから薄々感じている「こうなったら最悪だという未来」の姿も、ちらっとは見えることでしょう。

本書は、「女性の幸せをどう見つけるか」をテーマにしていますが、いまのあなたの状態を、鏡のように、ありのままに映し出します。

そこには、自分でも避けてきた、恥ずかしい姿が映るかもしれません。目次をパラパラとめくって、イヤな感じがしたり、心臓がドキドキしたとしたら、その項目のテーマこそ、あなたがずっと避けてきたことかもしれません。

そのテーマと向き合わないと、人生が止まったままになる可能性があります。怖いかもしれませんが、おそるおそるでも勇気を出して、ページをめくってください。

この鏡には、同時に、あなたにはまだ見えていない（あるいは見ようとしていない）、美しい姿が映っていることを知ってください。

それは、普通にしていると見えない、素敵なあなたです。見るのもおぞましい、醜《みにく》いと感じる姿は、あなた自身ではなく、社会にそう思わされている、あなたの姿です。本当の素晴らしい自分を見る勇気を持ってください。

見たくなかった自分と、恥ずかしいけど素敵な自分の両方と向き合うことが、あなたを自由にします。読み進めていくうちに、一時的に苦しくなることがあるかもしれませんが、きっと、あなたなりの幸せの見つけ方が見えてくると思います。

すべてが順調にいくとは限りませんが、あなたの幸せな生き方は、きっと、見つかります。では、ドキドキしながらも、先に進みましょう！

目次

第1の扉

パートナーシップ

結婚で幸せはつかめるか

第4の扉　仕事とライフワーク

大好きなことで幸せになる

第5の扉
出産と子育て
子どもを持つこととどう向き合うか

第6の扉
家族と人間関係
この人生を誰と一緒にすごすのか

第7の扉
病気と老いに向き合う
女性の人生を変える病気と死

もう一つの扉

女性の幸せの見つけ方

自分の運命と宿命を知る

女性の幸せの見つけ方 ―― 運命が開く7つの扉

プロローグ

最高の人生を手に入れるには

いま、あなたは幸せですか？

あなたは、毎日、自分のやりたいことに、時間をかけられていますか？

人間関係、仕事、経済状態に満足して、感謝とともに生活しているでしょうか？

もし、そうなら、あなたは、世界でもっともラッキーな女性です。

残念ながら現実には、「不幸ではないけれど、すごく幸せでもない」と感じて生活している人が大多数です。

なぜ、そうなのか。この本のなかで、その理由が明らかになると思います。

男性から見て、女性の素晴らしいところはたくさんあります。美しさ、優しさ、包容力、一緒にいて癒《い》やされるなど、魅力がいっぱいです。

決して、容姿とか、ファッションセンスだけではないのです。女性には、男性がひざまずいて、仰《あお》ぎ見るような、ミステリアスな魅力があるのです。

多くの女性は、自分の魅力に気づいていません。それは、社会的な刷り込みや育っていくなかで、女性としての自分に、自信をなくしたからではないでしょうか。

この本を読み進めながら、女性の素晴らしさを思い出すとともに、大切な「運命の7つの扉」をどう開ければ幸せが見つかるのか、考えていただければと思います。

著者は、男性なので、上から目線に感じたり、「全然、この人わかっていない」と感じる箇所もあるかもしれません。妻と娘から、「いろいろ本は書いているかもしれないけれど、全然女性のことは、わかっていない」とよく言われます。実際、女性のことを理解しようと思っても、わからないところばかり。中学、高校時代は、男子校に通っていたこともあり、女性はいつも、まぶしく、永遠のミステリーです。

そんな私が、なぜ、本書を書こうと思ったのか。

それは、あまりにも多くの女性が、社会的な常識や自分のなかの制限のために、幸せを取り逃がしていると感じるからです。

すべての女性は、もっと幸せになれるし、幸せになるだけの価値がある。

私は、心からそう思っています。それが、本書を書いた動機です。

女性の素晴らしさは男性にはどう映るのか、男性の視点から、客観的な分析を聞くのも、時には役に立つのではないでしょうか。

「ちょっと違うなぁ」と思うところは読み飛ばしてもいいので、ご自身に役に立つところだけ、受けとっていただければと思います。ただ、いちばん読み飛ばしたいところが、じつは重要なところだったりするので、そのあたりの判断は読者にお任せします。

さきほどもお話ししたように、「女性とはこうあるべき」という価値観が何種類もあって、何を基準に考えたらいいのか、女性自身わからなくなっているのではないかと思います。

たとえば、いい学校にいくことをすすめる親もいれば、女の子は、あんまり頭がよくないほうがいいという親もいるでしょう。

そうやって、親に、短大や専門学校でいいと言われて、大学進学をあきらめた女性も多いのではないでしょうか。

「勉強しなさい」「でも、あまり頭がよくならないように」

これが小さい頃に、すべての女の子が受けとったダブルメッセージです。

中学、高校ぐらいになってくると、男の子も、女の子も、オシャレに凝《こ》りはじめます。

小さい頃は、お風呂が嫌いで、2、3分湯船に入れるのもひと苦労したような女の子が、たった数年で、2、3時間もお風呂に入るようになるなんて、信じられない変化です。あまりに長いので、湯船で死んでいるかもしれないと、家族が心配するほどです。

年頃の男の子のことが気になり、ファッションに全然興味のなかった女の子が、突然お化粧を始めたりします。

そこで初めて女の子たちは、自分の女性としての価値に目覚めはじめます。ちやほやされる女の子もいれば、誰からも、注目されないような子もいます。

そこで、高校生ぐらいから、女性は、いくつかの選択をすることになります。

「きれいになる」「かわいくなる」「普通でいる」「圏外に出る」

「きれいになる」は、容姿が、美人に近いカテゴリーに入る女性が選択します。ヘアスタイル、洋服、お化粧、話し方、雰囲気を美しい女性として、整えていきます。

町で読者モデルのスカウトを受けたり、大学生や他の学校の高校生からも注目されたりするような女の子は、このカテゴリーに入ります。

「かわいくなる」道を選んだ女性は、かわいさをファッション、話し方、ふるまいのすべてに導入します。「かわいい」をブランドにして、人生を生きるようになります。それがぴったりはまると人気者になりますが、そうでないと、ぶりっ子のカテゴリーに入ってしまうというリスクがあります。

「普通でいる」というカテゴリーを選ぶ女の子もいます。きれいになる、かわいくなるということに憧《あこが》れはあるけれど、ちょっと抵抗も感じていて、普通でいいと考えます。でも、女の子的なことには、興味があって、ファッションやアクセサリーは、かわいいものを選びます。

「圏外に出る」というカテゴリーは、自分の容姿に自信がなかったり、男性に媚《こ》びを売るような同級生が信じられないというタイプです。お化粧やファッション、女性らしさを強調することに、興味を持ちません。

また、高校生の頃から、男女のことで違和感を覚えるセクシャルマイノリティーの女性もいます。最初は、自分がおかしいのではないか、と真剣に悩むかもしれません。

セクシャルマイノリティーの人は、LGBTといいます。「LGBT」とは、「Lesbian」「Gay」「Bisexual」「Transgender」の頭文字をとったもので、性の多様性と性のアイデンティティからなる文化を強調する言葉として使われています。

彼らは、人口比率で6パーセントぐらいはいるといわれます。正確な数字はわかりませんが、潜在的には、10パーセント近くいるという統計もあります。

もし、あなたが男性をパートナーにしないのであれば、世間の常識とは違った「女性の幸せの基準」を自分でつくる必要があります。まわりに、いいお手本がいなければ、自分で道を切り開かなければなりません。

この本では、よく「パートナー」という言葉を使います。結婚する相手が、異性とはかぎらないからです。ただ、男性、女性の違いをわかりやすく説明するときに、「旦那さん」「奥さん」という一般の男女のカップルを例に使うこともあります。あらかじめ、ご理解いただけるとうれしいです。

いまは女性の幸せのかたちが、50年前よりもはるかに多様化したために、どう生きたらいいのか、混乱している女性も相当いるのではないかと思います。

早く結婚するのがいいのか、キャリア志向がいいのか、また海外で活躍するのがいいのか、人によって憧れのイメージもバラバラです。

困るのは、同じ女性でも、月単位、下手をすれば、週単位で、心が迷ってしまうことです。パートナーとうまくいっているときは、「将来は、専業主婦もありかな」と思っていても、別れてしまったら、「やっぱり相手に頼ってはいけない。自立しなくちゃ」と、キャリアウーマンモードをオンにしたりするのです。

「自分らしい女性の幸せ」を見つけるには、女性の一生にはどんなサンプルがあるか、知っておくことから始めてみるのがいいと思います。

では、早速、「女性の運命を決める7つの扉」についてお話ししていきましょう。

女性の運命を決める7つの扉

この本では、女性の生き方をテーマにしていきますが、私の理解するところでは、女性の運命を大きく変えるのは、次の7つの項目です。それを「運命の7つの扉」という言葉で表現しました。

(1) パートナーシップ
(2) 教育と才能
(3) お金と経済力
(4) 仕事とライフワーク
(5) 出産と子育て
(6) 家族と人間関係
(7) 病気と老い

その扉をどう開くかで、女性の人生は大きく変わっていきます。ある意味で、それが運命の分かれ道ともいえる分岐点です。

それぞれが、どんなものか簡単に見ていきましょう。

(1) パートナーシップ

何が女性の幸せを左右するかと言って、パートナーシップほど、女性の運命を変えるものはないでしょう。どういうパートナーを選ぶかで、まったく違う人生になります。

仕事ができて、お金をいっぱい稼《かせ》げる人。仕事ができずに、お金が稼げない人。性格が明るい人、陰気な人。友人が多い人、少ない人。格好よくてモテる人、モテない人。誠実な人、平気でウソをつく人。几帳面な人、そうでない人。

相手がどんなタイプかで、楽しい毎日にもなれば、苦しい毎日にもなります。

稼ぎがいい、容姿端麗《たんれい》など、条件がいい人を選んでしまうと、そういうモテるタイプは、誘惑も多いわけで、たえず外部からのストレスにさらされることになります。

一人になりたくないと考える女性は多くいますが、実際に行動しないと、椅子《いす》取りゲームのように、まわりの独身の相手は減っていきます。そして、数年パートナーがいない状態が続くと、なんとなくあきらめモードになってしまうのです。あきらめなければ、出会いはあるものですが、止まってしまうのは、本当にもったいないと思います。

一方、愛する人と結婚したからと言って、ずっと幸せが続くわけでもありません。すごく幸せなのは、結婚して数ヶ月からせいぜい数年で、あとはゆるやかな下り坂です。幸せになるのに努力がいるのは、相手が運命の人じゃなかったからだと勘違いして、簡単に離婚する人がいます。しかし、幸せな結婚生活のために、二人の努力は欠かせません。

女性として、どうパートナーとの関係を築けばいいのか、考えてみましょう。

(2) 教育と才能

どういう教育を受けるかで、女性の一生は左右されます。最終学歴が高校なのか、大学院卒業なのかでは、出会うパートナーも、結婚する時期も変わってくるでしょう。

履歴書に書ける学歴だけでなく、女性として、どういうことを教わったのかも、大事です。女性は、「男性を立てて生きるものだ」と両親に教わった女性もいるでしょうし、「男性に負けないように力をつけなさい」と教わった人もいるかもしれません。

学校教育は受けたものの、稼ぎ方、生き方、人との接し方、自分のセクシャリティーとの向き合い方、自己投資などについて、何も教わらなかった女性も多いと思います。

将来、どうやって自分がやりたいことを見つけるのか、そして、その夢をどう実現していったらいいかに関して、何も教わっていないとしたら、20歳前後に決めた就職先と自宅の往復以外に、できることが見えてこないのは当たり前です。

女性の才能についても、触れていきます。自分の才能がわからないと、たいした仕事も得られません。逆に、自分の才能を見つけて、それを磨くことができれば、それ自体が喜びになるし、一生食いっぱぐれることはないでしょう。

才能と言っても、天才的なものは必要ありません。人と気軽に話したり、料理をつくったり、文章を書いたり、仲間と楽しくプロジェクトをすすめる、といったごく普通の才能を掛け算していくことで、有能な女性ができあがっていきます。

いまの学校教育では、そういうことを教えてくれないので、自分でやるしかないのです。

幸せになるために、「自分にどういう教育を与えればいいのか」についても、考えていきたいところです。

(3) お金と経済力

お金とどうつき合うのかで、女性の人生の様相はまったく違ってきます。ひと月に使えるお金が3万円の女性と、30万円の女性では、住む場所、洋服、化粧品、アクセサリー、ふだん行くレストランがまったく異なるのは想像できると思います。

また、そのお金を自分で稼ぐ女性、パートナーに稼いでもらっている女性、親からの財産を受け継いだ女性では、全然、雰囲気が違うでしょう。

のんびり専業主婦なのか、バリバリ働くキャリアウーマン風なのか、オシャレプチセレブ風なのかで、ファッションから性格まで違ってきます。

お金があれば自己投資ややりたいことが何でもできます。自分の本当にやりたいことを経済的理由であきらめる人が多いのですが、それはとても残念なことです。

お金と仕事は、女性の幸せに直接関係しています。なぜなら、自由に使えるお金をどう稼ぐかが、やりがい、セルフイメージ、自己重要感につながってくるからです。

旦那さんがどれだけ稼いでくれても、自分の化粧品ぐらいは、自分のお金で買いたいものです。また、自分のお金があれば、本当にやりたいことにお金をかけられます。

そういう点では、自分のやりたいことをやって、お金を稼げるのが一番ですが、女性の多くは、そういう金銭教育を受けていません。

また、お金にはいろんな側面があります。お金をどうやって稼ぐのか、生き金として使う方法、守るには、増やすにはどうすればいいのか、知っておくべきことがいっぱいです。

お金と上手につき合えると、好きなことをやって、楽しく暮らすことができます。しかし、お金をいい加減にあつかったり、お金に対して無知なままだと、一生お金の心配をして、お金がらみのストレスで苦しむことになります。

お金のために、仕事をしなくてはいけない状態になると、仕事も楽しめません。ふだん、経済的な余裕がないと、心の余裕までなくなってしまいます。

お金と上手につき合う女性は、お金を便利な道具のように使いこなすことができます。

お金には、誰かを幸せにしたり、喜ばせたりする、魔法の力があります。ですが、その道具の使い方マニュアルをマスターしている女性は、ごく少数です。
お金とどうつき合えば幸せになれるのか、考えましょう。

（4）仕事とライフワーク

女性の仕事も多様化しています。パートとして最低賃金より少しましな程度の時給で働く女性もいれば、才能を活かして年に何千万円も稼ぐ女性もいます。

働く場所も、服装も、仕事内容も、その女性の才覚によって、まったく違ってきます。たとえば、高級なスーツを着こなして、外国語を話しながらダイナミックに仕事をする人もいれば、割烹着《かっぽうぎ》を着て、お弁当工場のラインで働く人もいます。パートの仕事を心から愛しているのであれば、それは素晴らしいことですが、違和感を持っているとしたら、そろそろ別の仕事を探すタイミングかもしれません。

一方で、仕事をまったくせずに、専業主婦として、幸せに暮らすということもできます。そうなると、ほとんど一生、仕事をしないことになりますが、パートナーさえしっかり稼いでくれれば、問題ないのかもしれません。

あなたは働きたいですか、それとも働きたくないですか？

どう仕事と関われれば、女性は幸せを見つけられるのかを見ていきます。

（5）出産と子育て

子どもを産むかどうかも、女性の人生に大きな影響を与えます。子どもは、パートナーとともに、女性の幸せに貢献してくれる存在です。

上手に子育てができれば、子どもは一生かけがえのない存在として、あなたの幸せに貢献してくれることでしょう。

いまの社会では、「女性は子どもを産むのがあたりまえだ」という観念があります。

しかし、子どもができずに悩んでいる女性も多く、自分が悪いんだと思って、罪悪感にさいなまれている女性もたくさんいます。

一方で、子どもを産んだ女性が、自動的に幸せになれるわけもなく、子育て、教育、親子関係のことで、ある意味、ずっと悩みも、心配も尽きないでしょう。

一方、子どもを産まなかった女性も、場合によっては、長く悩むことになります。子どもを持たないカップルは、うまくいっている場合でも、子どものことに対してわだかまりを感じていることがあります。不妊の原因が何かにもよりますが、一般的に女性のほうが罪悪感を持ちやすく、そのことについて自由に話せない場合は、子どもの話題は、タブーの領域になってしまいます。

この部分を癒やすことができれば、妊娠、出産しなかった女性は、もっと幸せを感じやすいでしょう。

出産、子育てにどう向き合うかでも、女性の幸せは左右されます。この章では、出産や子育てに関する痛みと向き合い、女性がどうすれば幸せになれるのかを見ていきます。

(6) 家族と人間関係

女性の幸せを左右する別の要素に、家族があります。家族には、生まれ育った元の家族と、自分でつくる家族の2つがあります。

元の家族と良好な人間関係を持っている女性は、幸せを感じやすくなります。それは、家族と愛でつながっていると、自分は守られているという感覚が得られるからです。何かあったら、両親や兄弟姉妹が、自分を守ってくれるという安心感があり、それは両親が亡くなったあともずっと続きます。

一つ屋根の下で育った兄弟姉妹とは、一生を通じて、親友のような存在になることもできます。実際に、そういう兄弟姉妹を持っている人はラッキーです。

ですが、両親や兄弟姉妹と音信不通だったり、いがみ合っていたりという人も実際には数多くいて、そのイライラは、日常生活も侵食しがちです。たとえば、両親といい関係を持てなかった人は、両親を思い出させるような目上の人と、トラブルを引き起こしがちです。

また、兄弟姉妹といい関係を持っていないと、同じように、会社の同僚やお客さん、友人とのあいだに思わぬ問題を起こします。

一方、自分がつくった家族との関係も、幸せに影響を与えます。

たとえば、パートナーともいい関係で、子どものことを大切に思い、子どもたちから尊敬されるような関係を持っている女性は幸せです。

でも、「お母さんには会いたくない」と、離れて暮らす子どもに着信拒否されたり、会ってもケンカばかりだとしたら、それはあまり幸せな状態だといえません。それだったら、「最初から家族なんていないほうがよかった！」という気分になるでしょう。

また、家族を持たなかった人は、孤独とどう向き合うのかが課題です。親しい友人がいれば、彼らが家族のようなものです。自分の家族を持たなくても、孤独を感じなくてすむには、どうすればいいのか、いまのうちに考えておくといいと思います。

家族は、あなたの幸せと不幸の源です。どうつき合うのか考えてみましょう。

（7）病気と老い

身近な人の病気や死が女性の運命を変えます。子どもの頃、家族の誰かが病気だった場合、そのことは、家庭に暗い影を落としたことでしょう。お兄さん、お姉さん、弟、妹が病気で亡くなった場合、大人になっても、自分だけ幸せになったら申し訳ないという気持ちが残ったりします。

両親のどちらかが早く亡くなった場合も、ずっと、それが心のどこかに引っかかることになります。そういったことと、上手に向き合って、癒やす必要があります。

大人になってから、両親のどちらかが病気に倒れることで、運命が変わる女性もいます。親の看病のために実家に帰って、そのまま婚期を逃した女性はたくさんいます。

人によっては、ごく若いうちから、持病に悩まされる女性もいます。子宮筋腫や甲状腺など、若い女性がかかりやすい病気も増えています。

持病があると、パートナーシップにも、弱気になります。実際につき合いが始まっても、「私みたいな欠陥品とつき合うより、もっと健康な人を選んでほしい」と言って、自分から別れを切り出す女性もいます。相手は、まったく気にしていないのに、自分のなかの引け目と遠慮が、女性としての幸せを邪魔してしまうのです。

50代以降になってくると、自分が病気になったり、パートナー、子どもが病気になることもあります。

病気は避けられないかもしれませんが、それにどう対応するかは、選ぶことができます。病気とどう向き合うかが、あなたの幸せを決めるでしょう。

年代によって「女性の幸せのかたち」は変わっていく

子どもの頃、あなたは、自分がどんな女性になりたかったでしょうか。

お嫁さん、お母さん、キャリアウーマンなど、いろんなイメージがあったことでしょう。

そして、いまの年齢になって、思った通りの自分になっていますか。

これまでの人生をふり返ってみると、それぞれの年代で、楽しいこと、うれしいこと、苦しいこと、悲しいことがあったと思います。

そして、それは過去だけにかぎったことではなく、いまもそれが現在進行形で続いているという人がほとんどではないでしょうか。

たとえば10代の頃は、まだ出会っていないパートナーに対して幻想をいだいて、素敵な王子様の登場を夢見たかもしれません。

部活や勉強、友達とのおしゃべりで、毎日が楽しくてしかたがなかった人も多いでしょう。将来やりたいことがいっぱいあって、「あれもしたい、これもしたい」と夢を見られるぶん、10代はいちばん幸せを感じやすい年代です。

けれども、現実は、自分の容姿で悩んだり、友達との関係やデートのことなどで、あれこれ悩むことも多いので、幸せだけを感じる余裕はあまりないかもしれません。

10代は幸せだったという女性もいるし、逆に何度も自殺を考えたという人も結構いるのです。ですが、いじめにあったり、いろんな悩みを抱えて、ずっと暗い学生時代をすごした女性でも、のちに幸せをつかむことはよくあります。逆に、10代の頃、脳天気で何も考えずにケラケラ笑っていた人が、20代以降に、壁にぶち当たって苦労したりすることもあるので、人生は不思議です。

20代になると、夢もいっぱいある一方、自分の限界も現実的に見えていきます。世間の厳しさを知り、なんとか生きていけるように頑張るのも、この年代です。

恋愛、遊び、仕事にも忙しく、女性が人生でもっとも充実して輝く10年だといえます。人生で、最高と最悪の思い出をつくるのも、たいてい20代です。

死ぬほど好きな人ができて、ラブラブの頂点にいたかと思うと、裏切られて、地獄の苦しみを味わったりもします。

また、夢を実現するべく、オーディションを受けたり、原稿を書いたり、留学に挑戦したり、自分のお店を出したりする女性もいるでしょう。それがうまくいったり、さんざんな結果に終わったりして、20代は過ぎていくのです。

この時期に積極的に動かないと、その後の人生が、予測可能で退屈なものになります。実際に、この10年をよほどクリエイティブに生きなければ、普通に学校に行き、普通に就職する女性が多いでしょう。留学、転職、独立などを一度は夢見ても、勇気、お金、思いきり、行動力のどれか（あるいは全部）がなくて、踏み出せなかったかもしれません。

なかには、大好きな仕事やパートナーを見つけて、自分なりの幸せをつかんだ人もいると思いますが、多くは、恋愛、仕事、友人関係、将来のことで悩んでいるうちに、時間が過ぎているのです。

30代になって結婚した人は、「うちの王子様はいつのまにかメタボになってしまった」とため息をついているかもしれません。仕事も本当にやりたかったことではないけど、すごくイヤでもないので、「不幸ではない」と自分に言い聞かせて生活しています。

子どもができた人は、息つく暇《ひま》もなく、ただ毎日の家事、仕事などに忙殺されているかもしれません。ただ、忙しい毎日でも、ごく普通の日常に幸せを見つけられる女性もいます。想像したのとちょっと違ったけれど、それでも幸せなほうだと感謝できると、幸せを感じやすくなります。

30代で、自分の才能やライフワークを見つけて、仕事の面白さに目覚める女性もいます。バリバリ仕事ができる楽しさは、母親の世代では体験できなかったことでしょう。毎日、残業で遅く家に帰る、有能なシングル女性はたくさんいます。

けれど、30代で、パートナーがしばらくいない期間が続くと、「本当に結婚できるのかなぁ」と心配になってきます。赤い糸をたぐりよせていったら、その先が切れているんじゃないかと思うこともあるかもしれません。マイルドな絶望感と、「でも、やっぱり、なんとかなるんじゃないか」という淡い期待の両方を感じていることでしょう。

たいした仕事をしていないという人も、焦りはじめる頃です。正社員の安定した身分でなく、派遣やアルバイトをやって、不規則な生活をしているなら、なおさらです。

40代では、結婚しているかどうか、子どもがいるかどうか、安定的に仕事をして十分なお金を稼いでいるかどうかで、人生の様相が全然違ってきます。

子どもが心配なく育っている場合は、安心して、幸せを感じられるかもしれません。でも、子どもが重い病気になったり、引きこもりになったりして、何かとやきもきすることもあります。そうすると、自分のこと以上に、子どもの将来についても不安になります。

40代は、それまでの生き方が、まったく種類の違う人生をつくっていく10年でもあります。結婚生活を20年以上続けて、素敵なパートナー、子どもと幸せに暮らす女性もいるし、パートナーとうまくいかなくなって、別居中の人もいるでしょう。

離婚をして、シングルマザーとして、子育てと仕事に奮闘中の人もいます。

また、ずっとパートナーに縁がないまま、毎年クリスマスは、友人たちと盛り上がっているハッピーなシングル女性もいます。

世界中を飛びまわって、高い報酬をもらって活躍する人がいる一方で、退屈な毎日に飽き飽きしている人もいるでしょう。テニスや園芸などの趣味を楽しんでいる人もいれば、自分や家族が病気で、毎日、闘病生活や介護の日々を送っている人もいるはずです。

40代後半からは更年期を迎える人も出てきて、体調、心ともに不安定になります。

また、この先どう生きるのか、迷いも出てくる年代でもあります。

この時期を幸せにすごせる女性は、少数派です。なぜなら、幸せを邪魔する要素が多すぎるからです。

肌のお手入れを何もしなくてすんだ10代とは違って、自分の容姿や体力の衰えも感じはじめます。仕事のこと、お金のこと、家族のこと、将来のこと、どれをとっても、不安の種がいっぱいです。

40代は、パートナーと幸せに暮らす女性よりも、パートナーに対して違和感を持つ女性のほうが多くなります。なぜなら、パートナーも、自分の人生で悩んでいて、相手のことを考えている余裕がなくなるからです。目指す方向や価値観の決定的な違いがはっきりして、離婚する女性が多いのも、この頃です。

一方で、自分の両親を見ていると、自分自身の健康、老後のことも気になりはじめます。早い人は、30代、40代で自分の両親の死を体験するので、否応《いやおう》なく、自分の人生の終わりについても、考えるようになります。

この時期、パートナーがいるか、仕事、お金、家族があるかないかで、心の状態も違ってきます。いろんな意味で、心がかき乱されやすいのが、40代です。

自分なりの幸せの哲学を持たないと、簡単に不幸になってしまいます。

50代になると、もっと人生が大きく分かれていきます。

子どもも独立していき、これまでの家族がバラバラになります。ずっと連れ添ってきたパートナーとの関係も、子どもがいた頃とは違ってきます。初めて一人の時間ができて、自由を謳歌《おうか》する人がいる一方で、親の介護が深刻化したり、親の死などを経験して、孤独感を味わう人も多いでしょう。またパートナーや自分自身が、思いがけない病気になるということもあるかもしれません。

幸せに人生を生きる技術を身につけた女性にとっては、黄金の50代です。いろんなしがらみから解放されて、本当にやりたいことができる10年でもあります。

自分の子どもが、進学、就職、結婚というコースをたどる場合もあるし、引きこもりで家にいたり、定職に就《つ》かず、結婚もせず、親を心配させることもあります。

50代にシングルで生きている人は、そろそろ一人の老後の準備をしなければいけません。仕事が充実していればいいですが、たいした仕事をしていなければ、寂しさが募《つの》り、将来の生活に不安を感じながら毎日を送っていることもあるでしょう。

50代では、幸せな人はすごく幸せだし、惨《みじ》めな人は、死を考えるほど惨めになっていきます。自分以外の人がみんな幸せに暮らしているように見えることもあるかもしれません。みんなそれぞれ悩みを抱えています。ですが、自分だけ不幸な感じがしてしまうこともたまにはあり、50代は特にそう感じじやすいのです。

60代になると、会社勤めの人は定年を迎えます。そうでない場合でも、いままでのようには働けなくなります。老後が一気に迫ってきて、これまで考えなくてもよかったことを考えるようになります。

まだ若いとはいえ、体のあちこちにガタがきて、健康雑誌や新聞の「痛みを取る○○特集」に目がいきはじめるのも、この頃です。ただ、子育てや仕事のストレスはだいぶ減るわけで、そのぶん幸せを感じやすい年代です。

この世代には、若々しくて50代のように生きる女性もいれば、もうおばあちゃんのようになる女性もいます。その人の外見、ファッション、生き方に、その違いがはっきり表れます。

70代、80代に比べると、まだまだ体も動くし、元気な人は、マラソンや山登りだってできます。老《ふ》け込むには早すぎる年代です。

70代になると、就職、結婚、子育て、子どもの進学、就職、結婚など、人生のひと通りのイベントが終わり、ゆっくりできるようになります。

この頃になって、初めて落ち着いた幸せを経験する人も多いでしょう。子どもは、それぞれにやっていて、自分の幸せだけに集中できるのは、この年代かもしれません。

しかし、同時に寂しさも感じる年代です。ちょっと前まで、大家族でわいわいやっていたのに、一人でいる寂しさに耐えられないという悩みを打ち明ける人もいます。

こうなってくると、シングル歴が長い女性のほうが、日常で幸せを感じやすいという逆転現象も起きます。

お金があったからといって、生活が大きく変わるわけではなく、この年代になると、「人生は、実は思い出でできている」ということを意識するようになります。

いろんな思い出がいっぱいある人は、アルバムをめくりながら、いままでの人生を味わうことに喜びを感じることができます。

80代は人生の最終章です。これまでの人生をふり返って、そのなかに満足と幸せを見つけることもできるし、自分の不幸を嘆《なげ》くこともできます。

これまでの人生と折り合いをつけ、残された時間と向き合うことになります。本当に大切だと思うことを一つずつやっていくといいでしょう。

90代、100代という女性も最近は増えてきました。彼女たちは、人生のすべての関門をくぐり抜け、半ば神のような状態になっています。

生きているだけで、まわりの光になるような存在です。


ざっと女性の一生を見てきましたが、いかがでしたか?

あなたがいま何歳でも、これからの人生をイメージして、そのすべての局面で、幸せを感じることもできるし、不幸になることもできるのが理解できたと思います。

どの年代にも、大変なことはあるし、楽しくて、幸せなこともいっぱいあるのです。

どちらにフォーカスするのか、どちらを体験するかは、あなた次第です。

幸せを感じるために必要なことは、「自分にとって何が大切か」を知ることです。

もし、それが手に入っていなかったとしても、着実に歩みを進めているという感覚があるとき、人は幸せを感じることができます。

いまの状況に対して、無条件に感謝できる人は幸せです。たとえお金がなかったり、病気だったとしても、感謝を忘れない人には笑顔があふれています。

あなたの人生のすべては、これからのあなたの選択と、行動で決まります。

誰と一緒にいるか、どこで働くか、すべては、あなたが決めていいのです。

これから、女性の運命を大きく変える7つの扉を開けていきます。

どの扉にも、人生の喜びと痛みが詰まっています。人によっては、まだ悲しみや絶望がいっぱいの扉もあるでしょう。怖くて、正面から見ることすらできない扉もあるかもしれません。しかし、目をそらしていては、幸せも取りこぼしてしまいます。

勇気を持って、それぞれの扉に向き合ってください。

一つ開けるごとに、あなたは、自由に、幸せになっていきます。

では、ご一緒に、運命の扉を開けていきましょう。

第1の扉

パートナーシップ

結婚で幸せはつかめるか

どんな人と一緒になるかで運命は決まる

女性の運命は、どんな人を人生のパートナーとして選ぶかで決まってきます。もちろん、ずっとシングルでいるという選択もあるでしょう。

「人生を誰と共にするか」は女性にかぎったことではなく、男性にも当てはまることで、どんな仕事につくのかと同じくらいに、幸せにとって大切な要素です。

明るくて陽気な人といるのか、静かで物事を深く考える人と一緒にいるのか、まったく一人ですごすのかで、毎日の気分も全然違うでしょう。

いつも冗談を言ってふざけるのが好きな人もいれば、難しいテーマについて、延々と話すのが好きな人もいます。

あなたは、いま一緒にいる人と幸せにすごしていますか？

シングルでいる人は、その状態でハッピーでしょうか？

一般的に、人は好きな人と一緒にいることで、幸せを感じます。これは、男性女性にかかわらず同じだと思います。でも、ずっと一緒にいると、どんなに好きな人でもちょっと疲れます。人間関係が苦手な人は、とくに面倒になるのではないでしょうか。

女性の人生を考えたとき、パートナーに関して、いろんなパターンがあります。

パートナーを持つ、持たない。結婚する、しない。その後、離婚する、しない。子どもを持つ、持たない。子どもが幸せ、幸せでない。仕事をする、しない。お金を自分で稼ぐ、稼がない。パートナーと幸せにいられる、いられない。パートナーと死別する、しない。それぞれに、種類のまったく違う人生があるわけです。

一つの例として、結婚する人生をとり上げてみましょう。

たとえば、家柄を大事にする家で育った人と結婚したときに、本人もそういう家で生まれ育っていればいいのですが、そうでない場合には、とても苦労することになります。

相手の職業によっても、運命は変わってきます。

結婚相手が資産家だったり、稼ぎがいいと、専業主婦になって、自分は働かなくてもいいという女性もいるかもしれません。

子どもの教育も、世帯収入によって変わってきます。一流大学の学生の両親の年収が一般の平均の何倍にもなっているというのが、そのいい例です。

ひと昔前は、結婚相手は「3高」がいいといわれていました。

「3高」とは、「高学歴」「高収入」「高身長」ですが、相手の学歴と年収、身長によって、あなただけでなく、あなたの子どもの人生も大きく変わってくる可能性があります。

なので、女性が、結婚相手にそういう条件を求めるのも、無理はないかもしれません。

しかし、大企業でも、あっという間に倒産してしまう時代です。相手の条件ばかり見て結婚してしまうと、途中で「しまった！」ということにもなりかねません。

実際に30代で離婚して、シングルマザーという生き方をする女性もいます。

長い人生のあいだにはいろんなことが起きるので、最初の条件がよかったからといって、ずっと幸せになれるとはかぎりません。

相手の人柄、職業、収入、友人関係、知性、趣味

パートナー候補には、どんな人がいいのでしょう。これからパートナーを見つけようという人にとっては、いちばん興味のあるテーマかもしれません。

具体的にどんな人がいいかは、人それぞれですが、「こんな人と一緒になったら、こういう人生になっていく」というシミュレーションをしておくと、自分の未来も見えてくるかもしれません。

たとえば、幸せであなたを笑わせてくれる人と一緒にいたら、ずっと笑顔が絶えない毎日を送ることができそうだと思いませんか。

批判的なインテリと結婚したら、自分のあり方を否定されたり、お金の使い方に関して細かく言われたりする可能性があります。

「どうして、君の化粧品は、そんなに高いの？　ムダなんじゃないか」などと毎日うるさく言われたら、窮屈《きゅうくつ》で、楽しくなくなるでしょう。

職業によっても、生活は大きく変わってきます。

相手が公務員なのか、実業家なのか、あるいは大企業に勤めている人なのか、フリーランスなのか。それによって社会的、経済的な安定度も違えば、生活レベルも違ってきます。すると自然に、時間の使い方も大きく違ってくるでしょう。

いま、日本のエリートサラリーマンと結婚したら、30代、40代を家族ですごす時間はあまりないといえます。長期間の海外旅行を楽しむことは難しくなるでしょう。それどころか、晩ごはんを毎日一緒に食べることも、あきらめなければなりません。

かといって、フリーターの人と結婚したら、時間はたっぷりあるかもしれませんが、来月の家賃と生活費の心配をしなければならなくなります。

収入によって、住む場所も変われば、家の広さ、快適さも違ってきます。年収が高い人と結婚すれば、家事代行サービスを頼む余裕も出てきます。家事の負担も、パートナーの理解と収入によって変わってくるわけです。

友人関係も、パートナーの友人の多さによって違ってきます。週末になると友達が集まってくるような人と結婚するのか、あるいは友人との交流はあまり持たず、一人の時間を大切にする人と結婚するのとでは、あなたの週末が変わるでしょう。

生活の文化的側面では、本を読んだり、美術館に行ったりするのが好きなパートナーなのか、そういうものにはまったく興味を持たないパートナーなのかで違いが出ます。

どちらがいい悪いではなく、自分が、どういう暮らしをしたいと思っているのか、ということから考えるといいでしょう。

そうしたことをあまり考えず、たまたま会社で隣の課にいたとか、合コンで知り合って意気投合したとか、というだけでパートナーを決めてしまうと、二人で生活を始めたときに思わぬギャップにびっくりして、すぐに別れることになってしまうかもしれません。

逆に、自分とは違うタイプだから面白い、ということもあります。たとえば自分にはクラシックのコンサートに行く習慣はなかったけれども、相手の趣味に合わせることで、新しい世界に関心を持つようになるということもあるわけです。

人生を「一人旅」でいくと、どうなるのか

パートナーがいても、いなくてもどちらでもいいわけですが、シングルの人生を選ぶと、よくも悪くも、自分だけの世界に生きることになります。

お金も時間も使い方を自分で自由に決められる反面、誰かと一緒にすごすことによって得られる喜びや成長はない、ということになります。

ふだん一人でいることが苦にならず、クリスマスや誕生日を一緒に祝う仲間がいても、お正月だけは、仲間たちも家族のところに戻ります。そうなると、40代、50代になって親を亡くしたりすれば、そこからは毎年、一人でお正月をすごすことになります。

これからの時代は、シングルの人が増えて、仲のいいシングルの人同士で近くに住んだりして、プライベートな時間を共有する人も多くなるでしょう。逆にいえば、パートナー

を持たない人は、そのあたりのことについても考えておくことです。

ただ、シングルで生きる人は、プライベートがなくなりがちです。それだけ仕事に打ち込んでしまうわけですが、社会に認められるような仕事をすればするほど、より没頭してしまうようになります。

30代、40代のときには、それでいいかもしれません。まだ両親も健在という人が多いので、それほどの寂しさを感じずにすみます。

けれども50代、60代になると、どうでしょうか。両親は亡くなり、ふだん忙しくしているために、兄弟姉妹とも疎遠になりがちです。少し前なら、一時的にせよ、つき合ってくれた友人たちも、いつのまにか自分の家庭をつくっていたりします。気づいたら、仕事の仲間はいても、プライベートでつき合う人はいない、という状況になってしまいます。

一人でいることが悪いわけではありません。そのほうが、気が楽で、楽しいというシングル主義の人もいます。

でも、もし、あなたが、そういうタイプでないとしたら、どうやってパートナーを探すかを、いまのうちに考えておきましょう。

結婚する人生、しない人生

あなたは、いま、結婚していますか？

結婚しているとしたら、満足していますか？

もしも、これから結婚するとしたら、どんな人と結婚したいですか。

これから、一生結婚しないとしたら、どういう人生になると思いますか。

自分が結婚する人生、しない人生をシミュレーションしてみると、10年後、20年後、まったく別の人生を生きることがわかります。たとえば20代で結婚したら、30代で結婚したら、子どもが生まれたら、どんな感じになるでしょうか。

仕事に関しては、20代でも、30代でも、子どもを持ちながら、第一線で仕事を続けていくことは難しいかもしれません。20代で結婚した人は、そもそも実績を上げられていないので、仕事への執着はあまりないかもしれません。

それに比べて30代に入ると、ちょうど仕事が面白くなる時期です。それまではアシスタント的な仕事だったのに、自分から企画を提案したり、重要なプロジェクトに関われるようになる頃です。子育てしながら仕事を続ける場合でも、子どもがいない人に比べたら、仕事はどうしてもセーブしていかなければならないでしょう。

最近では、40代、50代で結婚する人も少なくありません。

40代で初産をすることも可能です。もしも40代で結婚すれば、その可能性は高くなります。高齢出産は母体への負担も大きく、それこそ命がけです。無事に出産したとしても、20代、30代で出産した母親の体力とは、比べるべくもありません。私の妻も40過ぎで初産だったので、そのあとが大変でした。彼女へのサポートがきっかけで育児セミリタイアの生活に入り、のちに作家になったわけで、人生のめぐり合わせは不思議なものです。

50代で結婚する場合には、相手の親の介護も覚悟しておく必要があります。相手には、すでに子どもがいることもあるでしょう。それまで一人で生活していたのが、いきなり大家族になることもあるわけです。それはそれで、楽しいサプライズかもしれません。

一方、結婚しない人生も考えてみましょう。

30代後半になって、初めて「このまま結婚できないかもしれない」と焦《あせ》りはじめる人が出てきます。プロポーズされるような機会があっても、相手のことを好きになれなかったり、仕事のほうが面白いと思ったりして、婚期を逃す女性は多いのです。

40代になると、「もう結婚はいいや」とあきらめてしまう人もいます。一人で生きていくことを覚悟しはじめるのが、40代のシングル女性です。

50代では、完全に結婚をあきらめてしまう人と、強く結婚を望む人に分かれるようです。両親も年をとり、あるいは亡くなり、一人で生きていく孤独を思い知ることで、それまでは「結婚するなら初婚の人」と思っていたのが、「再婚もあり」と思うようになります。

それでも、シングルのほうが幸せだと感じる女性もいます。プライベートなスペースが必要な人は、誰かが一緒の部屋にいるだけで落ち着けなかったりするものです。

自分がシングルタイプだとわかったら、積極的に、シングルライフをエンジョイしましょう。

女性の魅力で、パートナーを引き寄せる

そうはいっても、一人はイヤだ、パートナーが欲しいという女性もいると思います。

そんな女性がパートナーを得るためには、女を磨く必要があります。

蝶が、その美しい羽を広げて求愛行動をするように、あなたの魅力が自然とあふれだせば、セクシーなフェロモンが、パートナー候補を引き寄せます。

けれど、そのことに対して恥ずかしく感じたり、「なんで、そんなことをしなくちゃいけないの」という気分になる人もいるでしょう。もちろん、媚びを売らないのも一つの生き方だと思いますが、一般的に、やはり美しく輝くほうが魅力が増します。

お化粧したり、素敵な洋服を着なさいと言っているわけではありません。女性らしく美しくしておくというイメージは、人によって違うでしょうが、なんともいえない女性特有

の魅力をまとってください、ということです。

あなたがちょっとつれない態度をとると、相手が自信のない人だと、せっかく好意を持ってくれていても、すぐにいなくなってしまうことも知っておいてください。

そういう意味では、相手に、隙《すき》を見せられるくらいでちょうどいいのかもしれません。

たとえば、素敵だなと思う人に、「じつは部屋の片づけが苦手なんですよ」と言われたら、あなたはどう感じますか？

その人にまったく関心がなければ、「ちゃんと自分で片づけなさいよ！」というクールな気分になるかもしれませんが、自分の好みのタイプで、素敵だなと思った相手なら、「私が、片づけてあげたい‼」と感じたりするものです。

魅力的でまぶしく見える人の前に出ると、コンプレックスを感じて、それ以上近づけなくなったりします。

相手のことを素敵に思うあまり、自分は、その人にふさわしくないと感じるのです。せっかく魅力的な人に出会っても、親しくなるのを躊躇《ちゅうちょ》してしまうのは、そんなときです。

あなたも、自分が苦手なこと、恥ずかしいことをさりげなく、話せるようになってみてください。

「休日は家にいることが多い」とか、「お料理をつくりたいけど、なかなか機会がない」など、ちょっと寂しげな空気が漂《ただよ》うと、相手がデートに誘いやすい隙が出てきます。

「よかったら、来週美術館にでも行きませんか?」とか、「こんど、ホームパーティーやるんだけど、料理をつくってきてくれませんか?」といった具合にです。

ただ、あまりやりすぎると、「重い女性」にも見えてしまうので、バランスも大事です。バランスを意識して、自分の弱みも見せてみましょう。

さて、パートナーシップが進まない理由の一つに、言い寄ってくる人に対しては、あまり魅力を感じないということがあります。

いろいろリサーチしていくと、どんなに仲のいいカップルでも、最初から相思相愛でスタートしている人は、ほとんどいませんでした。

たいていの場合、どちらか一方が先に相手を好きになって、デートに誘っています。相手のほうは、最初は、それほど好きだったわけではなかったのに、会う回数が重なるうちに、なんとなく気持ちも高まっていく、ということがよくあります。

パートナーシップが成立するまでには、相手のことが少しもピンと来ない期間があったりするものなのです。

なので、それほど魅力的とは思えない相手の誘いにも、最初は我慢して、ちょっとつき合ってみるのも、ありではないでしょうか。

一緒に食事に行くだけで、そんなにたいしたことにはなりません。相手にあまり変な期待を抱かせたくなければ、平日のランチなんかでも、いいでしょう。

相手のことを理解するには、十分な時間です。

でも、同じ時間をすごすことで、それまでは気づかなかった、相手の良さが見えてくるかもしれないのです。スルメは噛《か》めば噛むほど味が出るといいますが、その人のことを知れば知るほど、「この人と一緒にいたら幸せになれるかも」という思いが湧いてくる可能性はあります。

だから、あんまりパッとしない誰かから誘われても、「スルメ、スルメ」と呪文《じゅもん》を繰り返して、1度や2度は、デートに出かけてみましょう。

何かの動きをつくらなければ、何もスタートしないのです。

なぜパートナーが見つからないのか？

シングルの女性に話を聞くと、大多数が「いずれは結婚したいです。いや、します！」という答えが返ってきます。一生結婚するつもりはないという女性は少数派で、どこかのタイミングで、パートナーが欲しい、できれば結婚したいと考えているわけです。

にもかかわらず、「相手が見つからない」という人が多いのは、どうしてなのか。その理由として挙げられるのは、次の４つです。

（１）高望みしている
（２）つき合っても長続きしない
（３）相手がいても友達以上の関係になれない
（４）パートナーシップを遠ざけて生きている

一つひとつ見ていきましょう。

（1）高望みしている

女性にかぎりませんが、幻想を見がちな人は、パートナーに厳しい条件をつけます。たとえば、収入が高くて、魅力的で、話も面白い。高学歴で、両親との関係もうまくいっている。そんな男性が果たして存在するのか、というような人を探すので、検索エンジンで引っかかってこないのです。

知り合いの女性で、高額な登録料を払って結婚相手紹介サービスを利用した人がいますが、「何回検索しても、該当者がいなかったのでやめました」と言っていました。でも、自分の検索条件が高すぎて、そんな男性は存在しないということが理解できないのです。

理想を持つことは悪いことではありませんが、自分のことも顧《かえり》みず、ただ、ムシのいい条件をつけて高望みをしていては、見つかる相手も出てこないということです。

万が一そういう素敵な人がいたとしても、そもそも、あなたを選ぶでしょうか？　相手にも、選ぶ権利はあるのです。

（２）つき合っても長続きしない

パートナーシップには、ある意味、お互いのスペースを侵食し合う側面があります。たとえば30歳を過ぎると、朝起きる時間から食器の置き方、洗濯物の干し方など、自分なりのスタイルができあがっています。そして、パートナーは、ほぼ99パーセント、自分とは違うやり方を持っています。

自分のスタイルを貫《つらぬ》くことは簡単ですが、ちょっと面倒でも、相手に合わせる余裕も必要です。相手との距離を縮めるには、ある程度の努力や我慢も大切です。

ところが、パートナーシップが長続きしない人は、その我慢ができないのです。どんな関係でも、相手に近づいていくのは、面倒なものです。たとえ好きな相手であっても、自分が我慢しなければならない場面は出てくるでしょう。

ところが、「我慢しなければならない相手なら、もともとソウルメイトではなかったのだ」と考えてしまうのです。ソウルメイトなら１００パーセント、自分の思い通りになってくれるという幻想にしがみついているかぎり、パートナーは見つかりません。

（3）相手がいても友達以上の関係になれない

パートナー候補はいても、なかなか恋人になれないという女性もいます。何回会っていても、告白する勇気が出せず、友達以上の関係になれないのです。

SNSでメッセージの交換をしたり、会ってお茶にいったり、食事をしたりしているにもかかわらず、そこからパートナーシップには進めない人たちです。

友人以上、恋人未満を長く続けていると、疑似《ぎじ》家族のようになってしまって、そこから関係を深めることができなくなってしまいます。それは、お互いが牽制《けんせい》し合って、二人のあいだにある、セクシャリティーを打ち消すようになってしまうからです。

人との距離を縮めるのには、相手の懐《ふところ》に飛び込んでいく必要がありますが、いつも礼儀正しく丁寧にしていたら、相手に近づけません。

相手に嫌われたくない、フラれたらカッコ悪いという気持ちから、もう一歩を踏み込めなくなって、現状維持をしてしまうのです。

年齢を重ねるほど、その傾向は強くなりますが、自分のなかの怖れを乗り越えないかぎりは、パートナーどころか、本当の友達にもなれないのです。

（4）パートナーシップを遠ざけて生きている

パートナーが欲しいと口では言いながら、じつは、パートナーシップを遠ざけたライフスタイルを送っている人がいます。仕事をやりすぎていたり、パートナー候補と出会う環境がなければ、急にパートナーができるはずもありません。

パートナーとの出会いは、職場か友達の紹介がもっとも多く、この2つが90パーセント以上占《し》めていると聞いたことがあります。だとすれば、職場にパートナー候補の人がいなかったり、結婚相手を紹介してくれる友達がいなかったりしたら、もうすでに望みは10パーセントしかないということになります。

そして、残り10パーセントの出会いは、趣味のサークルやボランティア活動、旅先などで起きていて、結婚相手紹介サービスで見つけたという人もたくさんいます。

20代のうちは、友人の結婚式の2次会など、自然とパートナーを見つけやすい環境がありますが、30代以降は、自分から動くかどうかが鍵になるのです。

「仕事が忙しくて、そんな暇はありません」というのでは、何も変わっていきません。

以上の4つが、パートナーに縁遠い人の特徴といえるものですが、大切なことは、本当に、パートナーが欲しいのか欲しくないのか、いま一度考えてみることです。

ただ、パートナーを持つと、不安や心配がなくなると思いがちですが、実際は逆です。

一人で生活しているときには、自分のことだけを考えていればすんだことが、大切な人ができると、その人のことも気になります。

「この人に嫌われたらどうしよう」「病気になったらどうしよう」「誰か別の人を好きになって、捨てられたらどうしよう」といろいろ悩むようにもなります。

それでもパートナーはやっぱりいたほうがいいと思うなら、いまの自分を少し変えてみる必要があります。何も努力をしていないのに、急に理想の王子様が駆《か》けつけてくれるということは、現実ではほとんど起きません。

いったん、幻想にはまったお姫様は、冬眠状態になっています。誰もキスしてくれる王子様が現れないのが現実なら、自分で起きあがるしかありません。

もし、あなたがそう考えていたなら、いまが美しい幻想から覚《さ》めるときです。

誰にでも来るモテ期をつかむには？

どんなにモテない女性にも、人生で何度か「モテ期」がやってきます。

高校時代に同時に何人からもデートに誘われたり、20代には２人から同時に結婚を申し込まれたり、ということがありませんでしたか？　それが「モテ期」です。

あなたのモテ期はいつでしたか。

「そんな時期は私にはなかった」という人もいますが、それは、自分でそう思い込んでいるだけで、誰でも、たいてい人生で２度や３度はモテ期を体験するものです。

まず10代から20代にかけて、最初のモテ期がやってきます。

その時期に、勉強ばっかりしていたり、女子校、女子大だったりすると、「モテ券」を一度も使わずに終わっていたかもしれません。

次のモテ期は、20代の後半から30代にかけてやってきます。その頃、タイミングが合えばつき合って結婚するというのが、多くの女性が体験することです。

もちろん、そこでつき合った人と、何かのタイミングのズレで結婚に至らず、別れてしまう人も多いのですが、学生時代の友人たちが結婚したりするので、この時期に、恋愛の気運が高まることは間違いないでしょう。

そして、結婚している人もそうでない人も、だいたい40代に入ってから、もう一度モテ期がやってきます。

これが、ある意味で、パートナーを見つけるラストチャンスでもあるわけですが、パートナーシップに縁遠い人は、このモテ期でも、見逃しの三振をします。

こういうタイプの女性は、「最近なぜか変な男に言い寄られる」とか、「よく誘われる」と文句を言って油断しているうちに、最後のモテ期が終わってしまうのです。

そして、まったく声がかからない「氷河期」を迎えることになります。

そのときになって初めて、自分にもモテ期があったこと、そしてそのモテ期がいつのまにか終わってしまった、という不都合な真実に気がつくのです。

いったん氷河期に入ると、砂浜の砂が波に持っていかれるように、女性としての自信が損《そこ》なわれていきます。すると、「もう女として終わった」と思ってしまう人もいます。そのあと油断しているうちに、３キロ、５キロと太っていき、いままでの洋服が入らなくなって、ますます自分を嫌いになるサイクルにはまってしまうのです。

女性としての自信は、誰かに愛されることで培《つちか》われていきます。

男性は、仕事などで得る充実感によって、自信をつけることが多いのですが、ここが女性と男性の大きく違うところかもしれません。

その意味で、女性にとってモテ期をどうすごすかは、とても大切です。

モテ期に、女性としての楽しさや喜びをしっかり体験し、自信を自分のなかに蓄えておくことです。愛された、求められた記憶を貯めてください。

モテ期には仕事もうまくいく、ということも少なくありません。

それで、面倒なことになりがちな恋愛よりも、仕事にはまってしまう人もいます。

せっかくのモテ期を楽しみましょう。

恋愛にはステージがある

多くの人が体験していることですが、恋愛にはステージがあります。

お互いしか見えない初期の「ロマンス期」。「この人こそ運命の人だ」と二人が思い合っている時期です。恋愛の醍醐味《だいごみ》ともいう期間ですが、残念ながら、そう長くは持ちません。人によって、早い人で数週間から、長くても、だいたい数ヶ月しか持ちません。

奇跡的に数年持つ人もいますが、それは遠距離恋愛だったり、会う時間がなかなかとれない場合でしょう。

まもなくして、二人の関係は、「ケンカ・イライラ期」に突入します。ロマンス期に感じていたお互いへの幻想が崩れはじめるのも、この頃です。

そして最後には、「この人じゃないかもしれない」という確信にも似た暗い雲が二人を覆《おお》うのです。

ケンカ・イライラ期には、それまでまったく気にならなかった相手のちょっとした仕草や習慣に、いちいちカチンと来るようになります。

食べ方、しゃべり方から始まって、お金の使い方、部屋を散らかす、または片づけすぎる態度などに、神経が逆なでされるのです。一般的には、むしろ良いことであっても、「こういうところが許せない」となってしまうから不思議です。

たとえば、ロマンス期には、相手がゆっくり話すことを「癒やし系でいいな」と感じていたのに、しばらくすると、「要領が得なくて、何を話しているかわからないし、イライラする」と感じるようになるわけです。

これは、男女だけでなく、男性同士、女性同士のカップルでも同じです。

パートナーシップでは、うまく妥協《だきょう》して、相手にゆずることを知らないと、その関係を継続するのは難しくなります。

大切なのは、自分の基準を相手に押しつけないということです。カチンと来ることがあっても、「愛しているから受けとめよう」と思えるかどうかです。

これが仕事の関係であれば、たとえ相手に対して苛立《いらだ》つようなことがあっても、「この人のクセだから仕方がない」と考えられる人は多いのです。仕事だと思えば、感情的に入り込まず、クールに対応することもできるでしょう。

ところが、パートナーシップにとなると、感情的になって、許せるものも許せなくなるわけです。なぜなら、パートナーとは運命共同体だからです。相手がちゃんとやってくれないと、自分が困るので、相手のいい加減な態度にイライラするのです。

パートナーと親密な関係を持つには、自分の感情と向き合うことが大切です。

それは、ケンカ・イライラ期を乗り越えていくうえでも必須条件ですが、ロマンス期に入る前の、最初のデートでも発揮したい要素です。

人間関係は、感情的になりすぎるとうまくいきません。パートナーシップも同様です。せっかく会っていても、相手の悪いところばかり探していたのでは、イライラするばかりで、それでは相手のいいところは見えてきません。

自立心の強いタイプの人は、つい相手のことを上から目線で見てしまいがちです。

そういう意味で、勝ち気すぎる女性は、パートナーシップの運を逃しやすいのです。

幸せなパートナーシップは、人生最大の幸せをもたらす

幸せなパートナーシップは、なかなか手に入らないものですが、人生でもっとも素晴らしいものでもあります。

子どもがいたとしても、いずれ巣立っていきます。しかし、パートナーは、人によっては、何十年も毎日隣に寝て、毎日顔を合わせることになります。その相性がいいと、毎日が天国になるし、いつもケンカをしていると、地獄にいる気分でしょう。

幸せなパートナーシップを構築するには、絶え間ない努力が必要です。自分から働きかけないとならないことも多いでしょう。ここでの鍵は、「自分が正しい」を選ぶか、「愛」を選ぶかです。相手を愛しているのなら、負けてあげることもできるはずです。

でも、普通は、相手が悪いんだから向こうから謝ってほしい、とつい思ってしまいます。

そういうときこそ、こちらから歩み寄れると、二人の関係は、愛と信頼に満ちたものになります。これはなかなかできないことですが、ロマンスを長続きさせる鍵です。

うまくいっているパートナーシップは、心の平安と、深いところからくる充足感をもたらします。相手のことを心から思いやっている二人の関係には、見ているだけで、まわりも癒やされるぐらいのエネルギーがあります。

女性にとっては、誰かに無条件で愛されるというのは、大切な幸せの一つのかたちです。心から愛して、愛される関係を持てたら、他は何もいらないと感じる女性が多いのも、そういう関係に憧れるからでしょう。でなければ、あれだけロマンス小説がベスト&ロングセラーにはなりません。

パートナーシップは、二人のあいだにある繊細な花を育てるようなところがあります。二人がいつも注意深く心をこめて世話をしなければ、あっという間にしおれてしまったり、枯れてしまいます。

幸せなパートナーシップは、手間暇かかるものなのです。

結婚を決める条件とは？

長い期間つき合っていても、なかなか結婚しないカップルがいます。

お互いに「いいな」とは思っているのに、結婚へのふんぎりがつかないのです。

もちろん、結婚が人生のゴールではないし、紙切れ一枚に拘束されたくないと考える人もいるでしょう。それはそれでよく理解できます。

けれど、結婚が持つ、素晴らしい効果もたくさんあります。たとえば、結婚を決めると、二人が将来を約束し合う真剣さ、愛情やエネルギーがどっと出てきます。結婚は、多くの人にとって、「あなたと一生いたい」という気持ちのオフィシャルな表明なのです。

ですから結婚は、相手に対しての誠実な気持ちを表明して、まわりの親しい友人、家族に証人になってもらい、祝福を受ける、ロマンチックなプロセスなのです。そうやって考えると、結婚のもたらす効果は、単なる紙切れ以上のものです。

いまだに多くの女性が、結婚願望を持っているのは当然ともいえるでしょう。

なかには、長くつき合っていて、自分はその気なのに、つき合っている相手から「結婚の話がなかなか出てこない」ことを秘かに悩んでいる女性も少なくありません。そういう場合、「恋人以上、奥さん未満」の関係にとどまっていると言ってもいいでしょう。

二人が、ともに結婚という法的システムに違和感を持って、積極的に法的な結婚はしないと決めている場合は除いて、たいていがコミットのない状態になっています。好きか嫌いかと言えば好きだけど、ずっと一緒にいたいかはわからないというわけです。

ここで女性が理解しておかなければならないのは、そういう関係をずるずる続けると、女性と男性を比べた場合、女性のほうが、明らかに不利になるということです。

「結婚するなら、早く決めてほしい」というのが、結婚したい女性の本音ではないかと思いますが、相手としては、「決め手がない」というのが正直なところでしょう。

では、どうすれば相手に結婚を決めてもらえるのでしょうか。

ポイントは一つだけ。あなたが「説得力のある女性」になれるかどうか。

「まああきれい」とか「ちょっと素敵だ」とか、「一緒にいてけっこう楽しい」「かわいい」ぐらいでは、「説得力のある女性」にはなれません。

「この人と一緒にいなければ、自分はダメになる」と思わせるくらい強烈な、KOパンチが必要なのです。

以前、私は、『理想のパートナーを見つけるためにしておきたい17のこと』（大和書房刊）を書くために、既婚男性に「結婚の決め手が何だったか」をインタビューしてまわったことがあります。その答えのなかで、いちばん多かったのが、「この人なら、自分のすべてを受け入れてくれると思ったから」というものでした。

女性は、自分が結婚できない理由は、魅力が足りないからだと考えるようですが、それは違います。たとえば男性から見て、「きれい」とか「スタイルがいい」という女性は、他にもいるわけです。でも、「この女性と、生涯をともにしたい」というのは、感情の深い部分を揺さぶることで、それは理屈ではないのです。

これはレズビアンの女性でも、同じことがいえるかもしれません。

自分には、生涯をともにしたい女性としての説得力があるかどうかを見てみましょう。

第2の扉

教育と才能

何を学ぶかで人生は変わる

女性の運命は、教育で大きく変わる

あなたは、これまでにどんな教育を受けてきましたか？

高校、専門学校、短大、大学、大学院など、いろんな学歴があると思いますが、それによって、将来の仕事、収入、パートナー選びが変わってきます。

学歴が高いほど有利な条件の就職先があるわけですが、あまりに高学歴だと男性が敬遠しがちになります。学歴コンプレックスのある男性は、自分よりもいい学歴の女性はちょっとイヤなものです。情けない話ですが、そういう男は少なくありません。

一般的に、高学歴になるほど、婚期は遅れます。大学院を卒業して、就職する頃には、もう20代半ばになり、そこから初めて本格的な恋愛をするという女性もいます。

そんなことから、女性の生き方がこれだけ多様化しているにもかかわらず、教育をつけすぎると縁遠くなる、と考えている親はたくさんいます。

なので、両親が短大や専門学校で十分だと考えて、大学に進みたかったのに応援してもらえなかったことがトラウマになっている女性もいます。

しかし、人生という視点で見ると、大学教育がどうかというよりも、「女性としてどう生きるのか」についての教育のほうが大事かもしれません。

家庭でも、学校でも、良妻賢母型の教育に力を入れているところはあっても、起業家やアーティストとして生きていくことを積極的に奨励《しょうれい》するところは、まだ少数派です。

自分の意見をはっきり言いすぎると、女性として生意気だと思われてしまうという空気は、いまだに誰もが感じています。

しかし、これから女性として本当に才能を輝かせていきたいのなら、自分のやりたいことを明確にして、自分の意見を明快に語る能力は不可欠です。

両親の思惑や文化的刷り込みから脱出しないと、幸せを見つけにくくなります。明治の時代から、自由を求めた女性はたくさんいましたが、いまでも、男女がまったく同等なチャンスを得ているようには見えません。

男女雇用機会均等法が施行されて以来、男性と対等に仕事をしてきた女性たちの10年後の世代には、「あんなふうにはなりたくない」という女性が出てきました。揺り戻しで、専業主婦がいいと考える女性が増えた、とマスコミでも大きくとり上げられていました。あとに続く女性のために道を切り開いた女性たちは、応援してもらえるはずの後輩女子に「仕事だけする痛い女性」と思われるなんて、裏切られた気分がしたかもしれません。

これから、いまの世代がパイオニアになって、男女の性別に関係なく評価される時代が来るのでしょうが、それまでの過渡期には、いろんな考え方が錯綜《さくそう》することでしょう。

それでも自分の大好きな仕事も思う存分やって、かつ、プライベートも楽しむような女性が当たり前になる時代は、もう少しで来ると思います。

それを実現するためには、人生を上手に生きるセンスが必要です。自分の才能を使って仕事をして、男性に依存しなくても、経済的自由を持っていること。それでいて、女性らしさを失わない。現代の女性は、そういう難しいバランスのうえで、自分なりのライフスタイルを打ち出していく必要があるのです。

才能を生かす人生、普通の人生

あなたは、才能を生かして生活していますか？　もしかしたら、とくに才能を生かすこともなく、地味な生活をしているかもしれません。あるいは自分の才能を輝かせて、活躍している人もいるでしょう。これから女性の才能について、お話ししてみましょう。

自分には、どんな才能があると思いますか。

「私には才能なんてない」

謙譲《けんじょう》を美徳とするタイプの女性は、そう答えるかもしれません。

「才能」というのは、アーティストやアスリートなど、限られた人にだけ与えられるもので、自分のような「普通」の人間にはないと考える人は多いようです。

けれども、本当にそうでしょうか。

これまで男性女性を問わず、いろんな人にお会いしてきました。楽しく生きている人、頑張っている人、有名な人、普通の人、ありとあらゆる職業の人に会ってきました。

そうして気づいたことですが、幸せな人には共通点があります。それは、どの人も自分の才能を生かして人生を楽しんでいることです。世界的に活躍していなくても、自分のできる範囲内で好きなことをやって、毎日を暮らす。これができたら、人は幸せになれるのです。生まれながらの天才というような人は、ほとんどいませんでした。

また、どの人も、あるときまでは、ごく普通の人だったのです。

それが、ちょっとしたことがきっかけで自分の才能を発見して、それを磨いていくことで、自分らしいライフスタイルをつくりあげていったのです。

才能というのは、その人がその人らしく、自分の力を発揮できることです。

どんな人にも才能はあります。でも、自分の才能を生かしている人と、まだ気がつかない人では、人生に大きな差が出ます。

せっかく、おいしいパンを焼くという才能があったとしても、家で、家族のためだけにそれをしていたのでは、普通の人生です。

でも、そのパンを通販で売りはじめたり、自宅を一部店舗にしてみる、あるいは、近所の人たちに声をかけて、パン教室を開いたらどうでしょうか。

普通だと思っていた人生に、人とお金と感謝が集まるようになります。

それが「才能を生かす人生」です。

自分の好きなこと、得意なことを、自分一人あるいは自分の家族だけにとどめるのではなく、外に発信していくかどうかが人生の分岐点になります。

会社勤めでも、フリーランスでも、経営者でも、必要なのは自分の才能を見つけて、それを社会と分かち合うことです。

自分の才能が何かがわからなければ、本当にやりたいことではないことを仕事にしなければなりません。残念ながら、そういう仕事をやっていては、報酬も十分にもらえないし、心からの充実感を得ることもできないでしょう。

あなたが、仕事の分野で幸せになりたいのなら、自分の才能を見つけて、それを仕事にするのは、不可欠なことです。

自分の才能と、出会う

いつ、どうやって自分の才能に出会うのかで、人生は変わっていきます。

10代で才能が花開く人がいれば、20代で開く人もいます。30代、40代、あるいは子育てが終わってから才能が発揮されていく人もいます。

才能がいつ開くかには、運命的な側面もあって、人によっては、才能が一生開かないということもあります。大多数の人は、自分の才能が何かわからないまま、人生を終えているのが現状です。

たとえば、あなたの母親は、自分の才能を最大限に発揮して生きてきましたか?

あるいは、さらに遡《さかのぼ》って祖母の世代、そして、その前の世代を見れば、ほとんどの女性が、才能に花を開かせるチャンスがなかったといってもいいのではないでしょうか。

子どもを10人も産むのが当たり前のときは、それだけで人生が終わってしまいました。そういう点で、いまは、女性が才能を開花させやすい時代です。

さきほど、「おいしいパンを焼く才能」を例にしましたが、家事を手際よくこなす女性、趣味を楽しんでいる女性の生活には、さまざまな才能の素が詰まっています。

整理整頓、掃除、園芸、刺繍、料理、お菓子づくりなどなど、自分では、「普通にしていること」が、人よりも優《すぐ》れた才能になる可能性があります。

どんな人とも、すぐに親しくなれる女性には、コミュニケーションの才能があります。日記やブログを書いている女性には、文章の才能があるかもしれません。

子どもと接するのが大好きという人は、保育ママになったり、塾を開いたりすると成功できる可能性があります。

自分には、どんな分野に才能があるのか、どの世界に向いているのかということを調べて、実際にそれを試してみましょう。

積極的に動くことで、それまでは思ってもみなかった自分の才能にめぐり会うことができるかもしれません。

自分の才能を見つけた瞬間、女性の運命は、大きく開きます。

女性の活躍が期待され、女性を役員や管理職に登用する会社も多くなりましたが、役員や管理職になりたいという女性は、それほど多くないという現実もあります。

「こんな普通の自分が、役員になれるわけない」と思っている人が大半だと聞いたことがあります。ということは、どんな人も最初は普通の人だったのです。

起業の相談を受けることが多いのですが、当初は、「大丈夫かな」と思うような人でも、だんだんと実践で学んで、数年もたつと、ちゃんと社長の顔になっていくものです。

なので、どれだけ活躍するかは、本人の決心次第ともいえます。

話は変わりますが、女性の場合、若い頃に思いきって、海外に行ってしまうというのも、面白い生き方だと思います。最初は留学という入口から入って、そのまま現地で就職したり、起業したり、結婚する女性がいます。これからは、日本だけにとどまらず、いろんな国に行ってみるというのも、ありでしょう。

環境を変えると、思わぬ自分の性格や才能が出てきたりもします。引っ込み思案だった人が海外で頑張っているうちに、明るくなって成功するという話をよく聞きます。

同じ女性として憧れる、幸せなメンターを持つ

女性にとって誰をメンターにするかは、とても大切です。

メンターは、人生の師、恩人という意味ですが、いろいろと教えてもらえる存在です。

女性の才能は、仕事ができる年上の男性によって開かれることが多いのですが、メンターは必ずしも1人であるとはかぎりません。

仕事のメンターがいれば、生き方のメンターもいます。

女性としてのメンターもいれば、母親としてのメンターもいます。

そんなふうに、人生のジャンル毎にメンターを持つことを心がけてください。

どんなことでも、1人の教えにこだわってしまうと、偏《かたよ》った生き方、考え方になってしまいがちです。どんなに素晴らしいメンターでも、あらゆるジャンルに長《た》けている人はい

ないので、そのメンターのいちばんいいところだけを学ぶようにするのが現実的です。

そこで、女性にとって特に大切なのは、「幸せな女性」のメンターを持つことです。自分の望むようなライフスタイルを生きているメンターを探さなければなりません。

たとえば自分がシングルで、仕事中心にやっていきたいと思っている人は、同じようにシングルで、かつ仕事で成功している女性のメンターを探すのです。

子どもが3人いて、仕事も楽しくやっていきたいという人は、子育てをしながらビジネスでも成功している女性を探すのです。

そういうメンターであれば、いま自分が悩んでいること、迷っていることを相談できるし、具体的な解決策も、教えてくれるかどうかはともかく、瞬時に思いつくはずです。

これが男性のメンターならば、ビジネスのことでは相談できるかもしれませんが、たとえば恋人との関係をどうしたらいいのか、家庭との両立はどうしたらいいのかなどは、ピンと来る答えが返ってこないかもしれません。また、セクシャリティーのことなどは、話しにくいということもあるでしょう。話はできても、気持ちのモヤモヤが晴れるような答えはもらえない可能性もあります。

女性のメンターがいいというのは、彼女も同じ道を歩んできたので、あなたの悩んでいることが、はっきり想像できるからです。

仕事をしている場合は、どうパートナーシップを持てばいいのか。

子どもを持つなら、どのタイミングがいいのか。

離婚したいと思ったら、どういう手続きが必要か。あるいは思いとどまるべきか。

夫の家族や親戚とは、どうつき合っていけばいいか。

こうした悩みは、同じように悩んだことがある人の経験を聞くのが、いちばん現実的で、参考になるのではないでしょうか。同じ女性であっても、結婚したことがない人に舅・姑の話をしても、なかなか理解してもらえないでしょう。

経験者からは失敗談も聞くことができます。メンターから学ぶのは、成功例だけではありません。

「こうして私は離婚しちゃったけど、いまなら別の道もあったかもしれない」

そういう話を聞くことで、あなたは離婚しないですむかもしれません。

それだけ親身になってくれるメンターに出会えるかどうかでも、人生は変わるのです。

あなたの才能が目覚めるとき

自分では、「才能なんてない」と思っていた人でも、ちょっとしたことがきっかけで「自分の才能はこれだ」とつかんだ瞬間、才能が一気に開花することがあります。

たとえば、人の話を聞くのが上手な人は、そのままでは、それが才能だとは気づきにくいものです。

でも、カウンセリングの勉強を本格的に始めたことで、カウンセラーとしての道が開ける人がいます。

たとえば友人に相談されやすい人が、「自分は人にアドバイスするのが好きだ」ということに気づいてコーチングの勉強を始め、いまではプロとして活躍しています。

カウンセラーになったり、コーチングの勉強をするのは、時間もお金もかかりますが、それが有効な投資となって、自分に返ってきます。

才能というのは、ただ持っているだけでは大きく育たないものなのです。

花をアレンジするのが上手な人は多いかもしれませんが、自己流では、ただ自分や家族が楽しむだけの趣味で終わってしまいます。きちんと基礎を学ぶことで、人に教えたり、作品を見せたり、売ったりすることができるわけです。

そのためには、スクールに通わなければならないこともあるかもしれませんが、時間とお金をかけることで、才能にさらに磨きがかかるのです。

才能があっても、すぐにそれが仕事につながることはないかもしれません。でも、ある程度の時間差で、何かのかたちにつながっていくことが多いのです。

お金を使うとき、「本当にそれだけの価値があるのか」と心配になることもあるかもしれませんが、才能には、そうした投資の期間が絶対に必要なのです。

そうして、自分がエネルギーをかけて取り組んだことが、別の才能として花開くこともあるのです。一生懸命にやれば、必ず何かにつながります。

簡単にできることから始めてみる

いったん、自分のなかに「これかな」という才能を見つけることができたら、次に、その才能らしきものをどう磨いていけばいいのでしょうか。

事前に考えておきたいことは、自分の才能をどこまで開発するかということです。

趣味程度でいいのか、あるいは仕事にできる程度なのか。仕事でも、プロレベルなのか。

プロなら、その分野で名前が知られるぐらいのレベルをめざすのか。

それによって、エネルギーのかけ方が違ってきます。

たとえば、「文章の才能」を伸ばしたいというとき、SNSやブログを毎日更新できる力をつけたいという人もいれば、趣味やボランティアの仲間たちで開いている会合の会報誌が書けるようになりたいという人もいるでしょう。そうではなく、仕事として文章を書きたい、という人もいるでしょう。

文章を書くことを仕事にする場合でも、いろいろなスタイルがあります。雑誌で記事を書く仕事もあれば、チラシなどの商品説明やキャッチコピーを書く仕事もあります。

もっと本格的に、作家になりたいという人もいるでしょう。その場合、どんなジャンルの本を出したいのか、一冊出版できればいいのか、あるいは、もっと欲張って、ベストセラー作家になりたいのか。それによって才能の開発のしかたは違ってきます。

他にも、たとえば料理の才能でも、同じようなことがいえます。

家族に喜んでもらえる程度でいいのか、友人たちを招いてパーティができればいいのか、ケータリングサービスができるところまでいきたいのか、自分のお店を持ちたいのか。そのお店も、街のレストランでいいのか、ミシュランの星をもらえるくらいまで極めるのか。

同じ才能でも、めざす場所によって必要な修業が全然違ってきます。

最初は、できるところから始めてみるのがよいでしょう。自分では街のレストランでも充分だと思っていたのが、ワクワクしてやっていて気がついたら、行列のできる人気店になることもありえるのが、才能の面白いところです。

第3の扉

お金と経済力

経済的に自立できる女性、依存する女性

自立できる経済力を持つ

この章では、「女性とお金」についてお話ししていきます。女性が幸せになれるかどうかの大切な要素に、経済力があります。

お金に恵まれた女性は、ファッションセンスを磨いたり、教養を身につけたり、アートに触れたりすることができます。好きな場所に旅行するのも、新しいことを学ぶのにもお金をかけられます。

お金が大事だとわかっていても、お金を稼ぐことについては、「あまり興味がない」という女性は少なくありません。一つには、小さい頃から、お金に関する教育を受けてこなかったということがあります。また、女性がお金について考えたり、話したりするのは、「はしたない」という文化的刷り込みも影響しているでしょう。

男女同権の時代になって久しいですが、給料の男女差は、いまでもあります。そういったことから「稼げない」と決めつけているので、稼ぐことに興味を持てないだけです。

また自分は数字に弱いと思っている女性も多いようです。主婦でも株のトレーダーとして成功している人もいますが、「資産運用なんて無理」という人のほうが多いでしょう。

ふだん生活するうえで、お金のことはそれほど考えないでもすんでいる、という人たちもいます。女性でも男性でも、お金に興味がない人たちには、このタイプがいちばん多いかもしれません。

女性の10代、20代は、まわりに大事にされる存在です。食事をごちそうされたり、プレゼントされたり、という機会も多いでしょう。

ところが30歳を境に、そういう機会は、急激に減っていきます。

40代になれば、自分の欲しいものは、自分のお金で買うしか手に入りません。

これは豪華なディナーやちょっとしたプレゼントの話だけではありません。

たとえば結婚している女性が、離婚したいと思っても、自分に経済力がなければ、離婚する勇気がわいてこなくなります。生活力がないために、イヤだと思っている結婚生活を続けていかなければならないわけです。

あなたのお母さんも、そういうタイプだったかもしれません。

離婚したいと思わないまでも、旦那さんの給料だけでやりくりしていかなければならないとしたら、人生の自由度は、ぐっと減ってしまいます。

自分の収入、資産を持つということが、どれだけの自信と安心感を与えてくれるかわかりません。

幸せで自立した女性には、自分の経済力が必要です。

そのためには、お金のことをよく理解し、学び、上手につき合っていかなければなりません。大金持ちの家に生まれた女性以外は、働いてお金を得る必要があります。

なので、詳しくは、仕事のところでお話ししますが、いまは、お金がどれだけ女性の幸せに大きな影響を与えるかということを理解しておいてください。

年代ごとに、お金の価値は変わる

あなたは、どんなふうに暮らしたいですか。

それには、どれくらいのお金が必要ですか。

バシャールは、『未来は、えらべる！』（ヴォイス刊）のなかで、「やりたいことを、やりたいときに、やれる能力」を「豊かさ」だと定義しています。

自分の理想のライフスタイルを、何の制限もなしに送れることが「豊かな生き方」です。

たとえば、30代後半になって、旦那さんと子どもと田舎暮らしをしている女性がいるとします。現金収入は多くはありませんが、自分の畑を耕《たがや》して、自給自足に近い生活ができています。それは、素晴らしく豊かな生き方だといえるでしょう。

もう1人、同じ年齢の女性がいます。彼女は都会で、豪華なタワーマンションに住み、ブランド物の洋服やアクセサリーは、クローゼットからあふれるほど持っていますが、連日残業で、部屋には寝に帰るだけの生活。でも週末のパーティを楽しみます。

この2人の女性を比べたとき、どちらが豊かな生活だと思いますか。

田舎暮らしが好きな人もいれば、シティライフを好む人もいます。そのどちらでも、本人が「そうしたい」と望むことができていれば、それでいいのです。

大切なのは、自分が「お金とどうつき合えば幸せになるか」を知ることです。

人生の豊かさを手に入れるためにはお金とどうつき合っていけばいいのかを、年代別に見ていきましょう。

10代にとってのお金と、20代にとってのお金は違います。30代、40代、50代、60代と、それぞれの年代で、お金の価値も意味も変わっていきます。

たとえば10代にとってのお金は、カフェでお茶したり、コンサートに行ったり、おしゃれをするために使うものです。小学生がお年玉を老後のために貯金する、というのは笑い話で、10代では貯金の習慣は必要でも、あまり金額にこだわる必要はないのです。

20代も、まだ貯金のことを考える必要はないと思います。持っているお金以上に使うのはやや問題ですが、自分のやりたいことを我慢して貯金していたら、つまらない人生になってしまいます。20代のお金は、自分が成長できるものに使うというのがポイントです。

30代からは、パートナーと一緒に人生を生きるという道を選ぶのか、そうでないのかで違ってきます。もしも、結婚、専業主婦という道を選ばないのであれば、養ってもらうことはできないわけですから、自活できる道をつくっていかなければなりません。

40代になったら、結婚していても、していなくても、いざとなったら自分一人で食べていける、あるいは、子どもを養っていける経済力があるかどうかで、心の平安度は違ってきます。そして、毎月自由に使えるお金がどれだけあるかで、楽しさが違ってきます。

毎月、一定のお給料の範囲内で生活するのと、ふんだんに収入があるのとでは、生活のクオリティーがまったく違ってきます。

50代では、老後のことが気になりはじめるかもしれませんが、同時に、人生でもっとも稼げる10年でもあります。50代のあいだに、どれだけのお金を稼げるかで、豊かな老後が送れるかどうかが決まります。

子どもがいるなら、それぞれ、自立できる道に進ませることです。それができないと、いつまでも自分が養っていく羽目になり、子どもが老後の頼りになるどころか、むしろ負担になってしまいます。

子どもがいない人は、楽しい老後をすごすにはどうしたらいいか。経済的にも、社会的にも考えて、準備を始めましょう。

60代は、いまある豊かさを誰と、どう分かち合っていくのかを考えましょう。家族と分かち合うのか、友達と分かち合うのか、あるいは自分一人で楽しむのか、自分が本当はどうしたいのかを見きわめておくといいでしょう。

老後のために、ずっとお金を使わずに貯めておくのは馬鹿馬鹿しいことで、おいしいものを食べて楽しみたい人、より知的なものに触れて楽しみたい人、スキーやスキューバダイビングなど、新しいことを体験して楽しみたいなど、お金の使い途《みち》はさまざまです。

自分が何にお金を使いたいのかわかれば、いくら稼げばいいのか、いくら貯めておけばいいのか、ということも自《おの》ずとわかってくるでしょう。

自分の魅力を高めるために投資する

女性には、どこか華やかな雰囲気を持っている人と、そうでない人がいます。

お金をかけたから華やかに見えるというものではありませんが、お金に苦労しすぎると、なにか生活臭のようなものがしみ出て、みすぼらしい感じになってしまいます。

たとえば、同じ40歳の女性でも、郊外のマンションに住んで、ローンを払いながら慎《つつ》ましやかに生活する主婦もいれば、毎夜のように都内のホテルで華やかに開かれるレセプションに、高級なスーツやドレスを着て出席する女性もいます。

質素に暮らす人生もあれば、ゴージャスに暮らす人生もある。その中間で、たまには華やかな場所に行くものの、たいした仕事をしていないという人もいます。

自分がどこの世界に属したいかで、自分へのお金のかけ方は変わってきます。

慎ましやかな生活がいいという人は、自分に、それほどお金をかける必要はありません。堅実に暮らすことで、同じような地に足のついた控え目な男性を引き寄せ、平穏《へいおん》に暮らすというのも幸せの一つのかたちです。

逆に、自分にお金をかけて、華やかな場所に行くようにすれば、それなりの資産があったり、稼ぎのある男性に出会う機会も多くなるでしょう。

若いうちに、女性としての自分に投資することで、お金持ちの男性に見初《みそ》められて結婚ということもあります。いわゆる玉の輿《こし》に乗る、というのがこのケースです。

ところで、玉の輿に乗ったといわれるような結婚をすることが、果たして女性の幸せにつながるかというと、必ずしもそうとはいえないようです。

華やかな世界にいくことで、かえって女性としての幸せを逃すということもあります。自分がずっときれいでいたい、華やかさを失いたくない、と思っていると、やはり外にばかり目がいってしまい、自分らしい生き方ができなくなったりします。

子どもと一緒にいるよりも、仕事やパーティのほうが大事になってしまうからです。そうなると、子どもとのつながりを失うことにもなりかねません。

また、経済力があって、魅力的な男性はモテるので、結婚生活も、モテない男性と一緒にいるよりは、いろんなストレスに見舞われます。

お金があることが幸せの障害になることもあるというのは、こういうことです。

幸せに暮らすためには、ある程度豊かであることは大切な要素です。

でも、経済的な豊かさだけでは、幸せになれないというのも真実です。

自分のなかで、お金と人生のバランスをどうとっていくのかを考えておきましょう。

たとえば、10代から20代にかけて、どれだけのお金を稼ぐのか、使うのか、ということを数字に表してみてください。それは、30代になったら、どう変わりますか？　40代ではどうか、50代ではどうかということをシミュレーションしてみましょう。

結婚するか、しないか、子どもを持つか、持たないか、親との関係はどうか。それによって、必要なお金は違ってくると思います。

若い頃から、お金とどうつき合うかによって稼ぎ方、輝き方も変わります。そして、それは、のちのちのパートナーシップにも影響を及ぼしていくわけです。

お金の不安で人生を制限しない

お金が十分にあったら、あなたは何をしたいでしょうか。

「旅行に行きたい」
「素敵な家が欲しい」
「グルメの食べ歩きに行ってみたい」
「好きなだけ、買い物に行きたい」
「アロマスクールに通ってみたい」
「大学に戻って勉強したい」
「海外の大学院に行ってみたい」
「家中を花でいっぱいにしたい」

「海外に住みたい」

やりたいことにはキリがありませんが、本当にしたいことなら、思い切って、それを実行にうつしてみてはどうでしょうか。

家を買ったり、海外旅行をしたりするには、たくさんのお金が必要になります。

でも、日帰り旅行をするぐらいなら、そんなにお金はかかりません。

海外に移住するのは難しくても、1週間ぐらい滞在することなら可能でしょう。

一度だけ、家中をお花で飾るのならそんなに大金もかからないかもしれません。

でも、「お金がなくなる」「この先、いつまで働けるかわからない」というような「お金の不安」から、自分の夢や行動を制限してしまう人がたくさんいます。

お金は、あなたが本当にやりたいことをサポートするために存在しています。

あなたには、いつか、密《ひそ》かにやりたいと思っていることはありますか？

自分の夢に対してお金をかけるのは、お金のもっとも有効な使い方です。

そのためには、学校に通う、資格をとる、セミナーに出る、誰かに会いに行くといったことが必要になってくるかもしれません。

けれど、20年後を想像してみてください。ずっと貯金でおいたまま使わない人生と、いま大切なことに使って、手に入るかもしれない面白い人生と。

あなたは、どちらがいいですか?

とくに、若いうちに貯金ばかりすることほど、もったいないことはありません。人生は、体験でできています。あなたの人生を豊かにする経験にお金を使ったほうが、お金が何倍にも生きることもあるのです。

パーティで知り合った人と意気投合してビジネスをスタートさせたり、結婚したりといった例を、何千と聞いてきました。もし、会費の1万円をケチッていたら、貯金は1万円増えたかもしれませんが、それだけのことです。

あなたが、未来に投資できるようになると、人生は加速度的に、面白くなっていきます。

そういう意味では、「お金で、ワクワクする人生を買う」という考え方もあるのです。

あなたが、本当にやりたいこと、楽しいことにお金を使ってください。

野心家、人を信じすぎる人は、お金でだまされる

人生では、思わぬところで詐欺《さぎ》にあったり、だまされたりしてしまうことがあります。たとえば野心家、見栄っ張りの人は、だまされやすいといわれます。つい人前で格好つけてしまうために、本当は断りたいと思っても、ＮＯと言えなかったりします。気づいたら、お金を出したり、する気もなかった契約を交わしたりしてしまうのです。

上昇志向が強い野心家の女性は、だまされやすいのです。ちょっと儲《もう》け話を振られただけで、「私に金運がやってきた！」と言って、簡単に相手の話に乗ってしまいます。

食事の席などで男性がお金を支払ってくれるのを、「当たり前だ」と思っているような女性も危険です。お金に対して依存度が高い人というのは、何事にも他人任せの傾向があります。自分に変な自信があるぶん、それを上手に利用されてしまいます。

すぐに人の話を信じてしまう依存的な人も、お金で失敗します。

そういう人は誰かに投資をすすめられれば、すぐに、その話を鵜呑《うの》みにしてしまいます。調べることはできるのに、それをするのは相手に対して失礼だと思ってしまうのです。

男性にお金をもらって平気な人も、自分のお金を男性につぎ込んでしまう人も、お金ときちんと向き合っていないという点では共通しています。

依存的な人だけでなく、ふだん頑張って生きている人も要注意です。

いつも頑張っている人は、心の底では、密かに誰かに頼りたいと思っています。

そこに、独身の男性が現れて、やさしい言葉をかけてきたらどうでしょうか。

「たとえだまされてもいいから、この人のそばにいたい」と思っても不思議ではありません。結果として、結婚詐欺に引っかかるというようなことが起きるわけです。

自分は自立しているから大丈夫と思っていても、男性に関しては免疫《めんえき》がないということもあるわけです。

お金で失敗する人は、ふだんは慎重で、だまされたりするはずがないと自分では思っています。でも、その過信が、あなたを油断させるのです。

お金の知性と感性を身につける

一般的に、女性にとって、お金は、なんとなく関わりたくない存在ではないでしょうか。女性がお金のことに口出すなんて、卑しいという空気が、いまでもあります。また、数字が苦手だという女性もいて、それがさらにお金から女性を遠ざけているのではないかと思います。

現代においては、お金とどうつき合うのかの知識は必須ですが、それを学校で教えてくれるわけではありません。また、家庭でも、お金について教わる女性は、少数派ではないでしょうか。

豊かな暮らしを送るためには、お金の知性と感性の両方を身につける必要があります。

お金の知性（ＩＱ）とは、ビジネス、法律、資産運用などの知識の側面をさします。

お金の感性（EQ）とは、お金と健康的につき合うために必要な、感情面のセンスのことです。

お金の知性には、簡単に、
（1）稼ぐ
（2）使う
（3）守る
（4）増やす
の4つのポイントがあります。

お金の感性には、
（1）受けとる
（2）感謝して味わう
（3）信頼する

（4）分かち合う

の4つのポイントがあります。

お金の専門家になる必要はありませんが、最低限の知識を持っておく必要があります。世の中には、あなたのお金を狙っている人たちもたくさんいます。

そういう人たちにだまされたり、不快な目に遭わされないようにするためにも、法律、税金の知識は必要です。

信頼できる弁護士や税理士などの専門家がまわりにいれば、電話一本で聞けます。お金に詳しい専門家や友人を持つと、いざというとき頼りになります。

また、なぜお金があなたに不安を感じさせるのか、お金について心配しないためには何をすればいいのかについても知っておくといいでしょう。詳しくは、拙著『お金のＩＱ　お金のＥＱ』（サンマーク文庫刊）を参考にしてください。

幸せな人生の実現のためには、お金のＩＱ、ＥＱを身につけることは不可欠です。お金のことを、いまから学んでください。

「あげまん」になれる女性とは？

女性には、いろんなお金の得方があります。

たとえば、パートナーに稼いでもらって、二人で資産を増やしていくという生き方もあります。それに対して、自分が働いて稼ぐという生き方もあります。

前者が依存型で、誰かを応援することでお金をもらうスタイルです。

後者が自立型で、自分の力でお金を得るスタイルです。

お金をどう稼ぐかは、その女性の生き方にダイレクトに影響します。

誰かに稼いでもらうにしろ、自分で稼ぐにしろ、お金に恵まれる女性というのは、人の気をそらさない人です。

自立型なら、仕事相手に対して、「この人に仕事を依頼したい」「この人なら信頼できる」と思わせる人間的な魅力を持っています。こういう人には、人も仕事も集まります。だから、お金にも恵まれるわけです。

説得力のある女性であるかどうかが結婚の決め手になるという話をしましたが、夫にとって、説得力のある女性でありつづけられると、女性は幸せを手にします。

いわゆる、「あげまん」は、相手を元気にさせ、勇気を与えることで、パートナーの運気を上げています。どんなときでも、「彼女がいるから大丈夫だ！」と感じさせるのです。

たとえば、旦那の収入が30万円だと、さげまんの女性は、一生懸命やりくりして家計を切り盛りします。そして、「私は贅沢《ぜいたく》しないで我慢するから大丈夫よ」ということを言います。一見、美しいですが、それだと男性は上がっていけません。

あげまんの女性は、30万円しか稼げない男性を叱咤激励《しったげきれい》します。「あなたは、そんな小さな男じゃない。私は、そう見込んで結婚したんだから、頑張って！」と言うでしょう。

いままで芽の出なかった男性はハッと気づいて、一念発起して、まったく違うアプローチで仕事をやり、成功するのです。

「旦那」の主人になり、働いてもらうという道もある

「お金を稼ぐ才能」と「お金を使う才能」のどちらを持っている人が多いかというと、圧倒的にお金を使うほうです。お金持ちになれる人がごく少数なのは、そのためです。稼ぐのが上手な人は、守りが苦手だし、守りが上手な人は、稼ぐことが苦手なことが多いものです。

お金持ちになるためには、入ってくるお金よりも、使うお金のほうが少なければいいのです。そして、その差額を上手に運用して、ある程度の時間をかければ、誰でもお金持ちになれます。

「自分には稼ぐ才能がない」という女性はたくさんいます。

なので、いっそのこと、誰かに稼いでもらうというのもありです。

結婚して、パートナーに稼いできてもらうのも、お金に困らない一つの方法です。いま実際に稼いでいる人を夫にするのが手っとり早い方法ですが、言葉でいうほど簡単ではありません。そういう人には、すでにパートナーがいるものです。

そうだとすれば、「これから稼ぐ人」を見つければいいのです。

「これから稼ぐ人」の特徴は、次のようなものです。

（1）ビジネスの才能がある人

（2）お金を動かす才能がある人

（3）友達が多くて、人望がある人

こういう人であれば、あなたのために、しっかり稼いできてくれる可能性があります。

あとは、あなたが「稼いでくれたお金」を、二人の楽しみのために使うだけです。

パートナーが、あなたのためにお金を稼ぐのが喜びになるように、心から応援してあげればいいのです。

お金は、あなたを楽しませるために存在しています。そう思って、お金と友達のようにつき合っていきましょう。

第4の扉

仕事とライフワーク

大好きなことで幸せになる

キャリアデザインを考える

あなたは、自分のキャリアデザインについて考えたことがありますか。

「キャリアデザイン」とは、職業的人生をプランして、行動に移すことをいいます。

たとえば22歳で仕事を始めて、数年後に結婚したとします。

出産、子育てを視野に入れるなら、仕事の面ではブランクの時期が出てきます。

そこで、妊娠・出産を20代に持ってくるのか、30代に持ってくるのか、あるいは40代に持ってくるのかで、仕事との関わり方も違ってきます。第二子、第三子を考える場合も同じです。

そういうふうに、子どもを持つという前提で、キャリアをどう設計するのかを考えてみるのです。

子どものことだけにかぎりません。仕事で、どんなキャリアを積んでいくのか。たとえばセールスの分野でいくのか、マーケティングの分野でいくのか、あるいはデザイン、文章を書くことを仕事にするのか、といったことも考えてみましょう。

いまは、毎日会社に出社せずに、家で仕事をするスタイルも増えています。子どもを持つことを前提にするなら、そういう仕事につくというのも一つの選択です。

大企業に勤めているなら、育児休暇を数年とってから、仕事に復帰することも可能でしょう。企業に所属せず、フリーランスで仕事をしていく方法もあります。

自分のこれからのキャリアについて何も考えていなければ、会社や得意先の都合に振りまわされてしまうことにもなりかねません。

自分のしたいことを、自分のスタイルで続けていくためにも、キャリアデザインについて考えておくことは大切です。

一生できる仕事を見つける

一般的なコースをたどった女性にとって、いい仕事の選択肢はあまり多くありません。学校を出たときに就職した会社をいったん辞めてしまうと、転職すると言っても、よほどのスキルがないかぎり、最初の会社以上のお給料を出してくれるところは、そうはないのです。

求人誌を見ても、パートの需要はたくさんあるものの、支払われるお給料が、最低賃金よりも少し多いぐらいの仕事ばかりです。ちょっとした事務や経理ができるぐらいでは、一家を養うことができるほどのお給料をもらえないのが現実です。

シングルマザーの多くが、貧困状態に陥《おちい》るのも、男性と同じような報酬をもらえる仕事につけないからです。

女性にとって、有利な仕事は現在のところ、専門的な仕事です。

具体的には、医師、弁護士、設計士、会計士、看護師、教員、公務員など、資格や身分で守られている職種につくと、男性と同額の報酬をもらえる可能性があります。

そういう点では、一生やっていける仕事を見つけて、ある程度のスキルを身につけておくことは、経済的に安定した生活を確保するうえで、とても重要です。

また、専門的な仕事のいい点は、出産、子育てをはさんでも、また同じような条件で、職場に復帰することができるところです。

経済的に自立する、家族を養うといった点からも、考えておくべきことです。

いまからでも遅くありません。もし、あなたが、しっかりした仕事を得たければ、自分の才能を調べて、一生使えるようなスキルを身につけましょう。

そのためには、学校に戻らなければいけないかもしれませんし、朝1時間早く起きて、何かを学ぶことも必要になってくるかもしれません。

でも、その努力は、将来必ず実ります。それは、あなたに楽しい仕事と安定した収入の両方をもたらしてくれるでしょう。

「仕事」と「女の幸せ」のどちらをとるのか

結婚したら女性は家庭に入るものという風潮が残っていた時代には、どんなにやりがいのある仕事についていても、結婚をしたあと仕事を続けるのは、とても大変でした。

好きな人がいたのに、仕事のために結婚をあきらめたという人も、50代、60代の女性にはいると思います。いまは、結婚しても仕事を続ける人のほうが圧倒的に多くなり、仕事を続けるために結婚をあきらめるという人は、少数派になっています。

それだけ自由になったということですが、それでも、仕事をとるのか、女の幸せをとるのかで悩む女性は少なくありません。

たとえばクリスマスイブは、恋人たちにとって1年でいちばん大切な日だそうですが、この日に仕事が入ってしまったら、どうでしょうか。

「今日はデートがあるので残業できないんです……」と上司に言えるでしょうか。また、恋人が悩んでいて、話を聞いてほしいと言ってきたのに、大切なプロジェクトのミーティングが入ったから、来週にしてほしいと言えるでしょうか。

女性には、仕事がベースにあることで幸せになれる人と、プライベートを充実させて初めて幸せになれる人の、２種類のタイプがあります。

自分はどちらなのか、どちらの幸せを優先したいのかを考えておきましょう。

それは年代によっても変わるかもしれません。

20代では仕事優先だと考えていても、30代で子どもを持ったら、仕事よりも子どもとの関係、家族の幸せを優先したいと思うようになるかもしれません。子どもの手が離れる40代、50代では、もう一度仕事を優先する生き方を選び、60代になったら、自分個人の幸せを優先していくというのもありでしょう。

何をもって幸せとするかは、人それぞれでいいわけです。

大切なのは、どちらにしても自分が納得して、その時々の生き方を選ぶことです。

いい仕事と幸せの両方を手に入れるには？

では、「いい仕事をやって、プライベートを充実させる」ことはできないかというと、そんなことはありません。ただ、特別なスキルがいるだけです。

それは、「能率モード」と「非能率モード」の切り替えスキルです。

ふだん忙しくしている人は、休みの日ぐらいのんびりしたらよさそうですが、そういう人にかぎって、休みも、平日以上にスケジュールがいっぱいだったりします。成功者のなかには、「ゆっくりするとか、リラックスするとかということが苦手です」という人が、決して少なくありません。

仕事ができる人は、無意識に、すべてに能率を求めてしまうからです。

ゆっくりしたり、リラックスしたり、1日かけて料理をつくって楽しんだりするというのは、とても能率が悪いことのように感じてしまうのです。

たとえば家族で、昼過ぎぐらいから料理を始めて、夜にゆっくりそれを味わうというような1日がたまにはあってもいいと思うのですが、仕事中心の生活をしていると、そんなことは無駄な感じがしてしまうのです。

「料理なんて下ごしらえしてあるものを買ってきて、パパッとつくっても味は変わらない」「外食すればいいじゃないですか」という女性もいます。

それが悪いというわけではありませんが、それでいいのでしょうか。

人生の楽しみの多くは、能率が悪いものです。

たとえば半日かけてガーデニングをする、あるいは、3時間かけて家具の配置を変えてみるというのは、生産性からいえばよくないでしょう。

でも、それだからこそ、人生の楽しみや喜びになるのです。

ふり返って見れば、家族や友人と、まったく意味のない時間を共有したことがいい思い出になっているということがあります。

オフのときは、非能率を楽しむモードに切り替えましょう。

また、仕事と家庭を両立させるには、家族の協力も必要になってきます。

たとえば、残業や接待で遅くなるとき、その日はパートナーに家に早く帰るようにしてもらえるかどうか。あるいは、実家の両親が助けに来てくれる。ベビーシッターを雇《やと》う。

子どもが小さいうちは、そういうサポートが不可欠です。

男性も女性も同じだけ働いていると、子どもは全然ケアされないまま放置されることになります。

なので、仕事の一部は家に持ち帰れるようにする、パートナーと協力して時間の都合をつけるなどの工夫が必要になります。

そういったひねりがいりますが、仕事と家庭の両立は、不可能なわけではありません。

ある程度、経済的余裕があるならば、いっそのこと、子どもが小さいうちは仕事をお休みするというのもありでしょう。人生で数年休みを取ったからと言って、長い先のことを考えれば、そんなに変わりません。

人生全体で、仕事と家庭のバランスを取っていくという切り口でも、女性の幸せを考えてみてください。

退屈な仕事は、人生を変えるサイン

仕事に没頭して、プライベートな自分を置き去りにしてしまう女性がいる一方で、仕事の面白さを知らないまま家庭に入って、退屈な毎日を送っている女性たちもいます。

20代のうちは仕事でもプライベートでも楽しめる要素がありますが、30代、40代になってくると仕事、家事にも慣れてしまい、毎日が退屈でつまらないものだと考えるようになりがちです。

子育ても一段落して、「さぁ、どんな仕事をしようか」と考えても、単純作業をやりたいわけではないし、かといって、面白そうな仕事はあまりありません。

「絶対に働かなくてはいけないわけでもないしなぁ」と思っていると、なかなかふんぎりがつかなかったりします。

そういうときこそ、人生の転機です。

「退屈している」というサインは、「このままではつまらない」「幸せになれないよ」というサインです。なので、いま変化を起こしましょう、と言われているのです。

いまの仕事の延長線上に、面白い未来が描けないのであれば、なにかの資格をとったり、あるいは特殊な技能を身につけたりして、一生やっていけるような、プロフェッショナルな仕事を選び直すことです。

誰でもできるような仕事をやっているかぎり、心からの充足感は得られにくいものです。退屈な人生に慣れてしまうと、魂の大事な部分が死んでしまいます。そうなったら、やる気もなくなり、人生に絶望感しか持てないということにもなりかねません。

退屈を感じだしたら、それは人生を変えるチャンスです。このチャンスを逃したら、また元の、退屈を持て余している自分に戻ってしまいます。そこが人生の一つの分かれ目になるのではないでしょうか。

自立と依存のパワーバランスをとる

「仕事をしていたら、かわいい女にはなれない」という女性がいました。

男に混じって対等に仕事をしていたら、どんどん女性らしさから遠のいてしまうというのです。

男の立場からの本音で言えば、純粋に仕事のできる有能な女性は素敵です。でも、それが行きすぎて、強い言葉を発したり、上から目線的な物言いをされたりするとたしかに、仕事以外でのおつき合いは遠慮したいと思ってしまいます。依存されすぎるのは困りますが、まったく依存されないのも、「かわいくない」といえます。

自立と依存のバランスのとり方が上手な女性ほど、幸せになれるでしょう。

けれども、「女としての自分」と「仕事をしている自分」の両立は、とても難しいのです。甘えたい自分と甘えることなど考えられない自分、という言葉に置き換えてもいいかもしれません。自分のなかの両方の面をちゃんと見てくれる人をプライベートのパートナーに選ぶのも、うまくバランスをとっていく秘訣かもしれません。

年代別に見ていくなら、20代の場合は、どんなに自立の面が強く出ていても、仕事でまだまだ力がないので、少なくとも年上の男性からすれば、かわいげがあります。

ところが30代より上になると、仕事に対する自信をつけていけばいくほど、自立の面は強くなります。ヘタな男性では、実際に太刀《たち》打ちできなくなってしまうことがあるわけです。そうなると、女性のほうでは、「男がみんなバカに見える」現象が始まります。気がついたら、「かわいい女」に戻る道がわからなくなってしまうのです。

「かわいい女」とは、素直で、謙虚で、愚痴を言ったり、たまにはへこんでいるところを見せられる女性です。

そういう面をなくしてしまっては、幸せから遠のいてしまいます。

あなたにしかできない ライフワークで豊かに生きる

あなたには、自分の人生をかけるぐらい、やりたいことがありますか？

ライフワークというのは、それを考えただけでワクワクすることや、尽きることのない情熱を持って取り組んでいけることです。それはお金を稼ぐ仕事とはかぎりません。自分の本質を生かして自分自身を表現し、それをまわりの人と分かち合っていくことです。

おいしいパンをつくることがライフワークの人もいれば、美しい花を咲かせることがライフワークの人もいます。誰かの心やからだを癒やすことがライフワークの人もいれば、子どもたちを自由に育てるということがライフワークの人もいます。

いずれのライフワークも、まわりの人を助けたり、喜ばせたりする活動で、それが本人の喜びになるということでも共通しています。

ライフワークをやっていると、自分のなかの「幸せの源泉」から情熱が湧き出てきます。

この「幸せの源泉」とは、そこにつながるだけで、本人が幸せになるような活動です。

そのことを考えただけで、自然とワクワクしてしまうことも、それが、ライフワークであり、幸せの源泉なのです。

でも、「ライフワークが見つけられない」という人は少なくありません。

ライフワークは、どうすれば見つけられるでしょうか。

そのヒントは、自分の大好きなこと、小さい頃から好きだったこと、よく人に褒《ほ》められることの周辺にあります。

あなたが、ふだん気がついたらやっていること、よくお金や時間をかけること、得意なことなどを探っていくことです。才能らしきものを見つけて、ワクワクすることを追いかけていくことの先に、あなたのライフワークが見つかるでしょう。

いったんライフワークをやり出すと、誰も止められないぐらいの力が出てきて、あなたの人生も大きく変わっていきます。それが、人、お金、チャンスを引き寄せて、あなたにさらなる豊かさをもたらすでしょう。

一生仕事をせず、趣味に生きる道もある

これまで、仕事をするという前提でお話ししてきましたが、まったく仕事をしないという女性の生き方もあります。

やや時代には逆行していますが、ある程度経済的な余裕がある女性なら、それもありかもしれません。実家が資産家か、お金持ちと結婚できれば、そういう生き方も可能です。

世界には、一族の財団を運営して、これといった仕事をしない富裕層もいます。やや特殊な生き方ではありますが、そういう生き方もあるのです。

また、そこまで大金持ちでなくても、ささやかな資産があれば、地味に趣味をやって生きるという道もあるでしょう。

あるいは、パートナーがしっかり楽しく働いてくれさえすれば、自分は趣味の世界に生

きてもいいのです。

自分が好きな仕事をやっているので、パートナーにも好きなことをやってもらいたい、お金は僕が稼ぐからいい、という男性に会ったことがあります。

そして、その男性の奥さんは、仕事でなく、ボランティアをやりたいということで、お金を生み出すことは一切していません。

「私は、高等遊民よ」とオシャレなカフェで語る彼女には、まぶしいオーラが出ていました。ちなみに、「高等遊民」という言葉は、明治から昭和初期の日本のいい時代に、仕事もせずに、本を読んだりしてブラブラ生活していた自由人をさします。

あなたも、大金持ちにならなくても、喜んで働いてくれるパートナーさえ見つけたら、高等遊民になれるかもしれません。そして、自分の趣味の園芸、アート、料理などで、パートナーを喜ばせながら楽しく生きる道もあるのです。

それも、女性の幸せのかたちの一つといえるでしょう。

第5の扉

出産と子育て

子どもを持つこととどう向き合うか

女性にとっての出産・子育て

女性は、子どもを産むかどうか、子育てにどれだけ関わるかで、人生の体験が大幅に違ってきます。

知り合いで5人の子どもを産んでいる女性がいるのですが、5人の子どもを産むと、妊娠から出産までの時期だけを見ても、都合10年ぐらいはそれだけに費やすことになります。最後に産んだ子の手が離れるまでを考えたら、子育てに専念しなければいけない時間は20年くらいになります。

考えてみると、私たちの祖父母の世代では、10代で結婚して、7~8人の子どもを産むことも珍しくはありませんでした。

戦前までの女性の人生といえば、結婚したあとは妊娠と出産、そして子育てを繰り返すだけで人生を終えるのが普通だったわけです。

それこそ、１日に５分も自分のために使える時間なんてなかったかもしれません。自分のために使えるお金もエネルギーもないというのが、当時の女性の現実だったのではないでしょうか。

家電製品も普及して、昔に比べれば、洗濯や家事に費やす時間は大幅に短くなりました。つまり、子育てをしている女性でも、自分の時間が持ちやすくなったわけです。

とはいっても、子育ては大変です。どんなに家電が発達しても、子どもが泣いたり、部屋を散らかしたりして、お母さんのほうが泣きたくなるような状況は変わりません。

それでも今は、そんな子育て中であっても、自分の人生を生きやすくなったということはいえると思います。

出産して、育児に専念する女性もいれば、保育所などに子どもを預けて仕事を続ける女性もいます。そのどちらのコースを取るかでも、女性の人生は、また違ったものになっていきます。

子どもを持って幸せになる女性、不幸になる女性

子どもを産んだ女性に聞いてみると、出産は、人生でいちばん苦しかったけど、幸せな体験だったという人が多くいます。

子どもが大好きな人には、何人だって産みたいという「出産マニア」のような女性もいます。それは、それだけ、子どもを産むということが、幸せな体験だからなのでしょう。

そのあとには、子どもが成長する過程を見たり、遊んだり話したり、一緒に料理を作ったり、楽しいことがいっぱい続きます。

人生全体を通しても、子どもとの思い出ほど、楽しいものはないという人はたくさんいます。20代、30代、40代の膨大《ぼうだい》な自分の時間、エネルギー、お金を子どもにかけるわけですから、子どものことが、人生の中心にあるのは当然です。

子どもが自立していくまでは、自分のものだというぐらい、一人じめにすることができます。とくに物心つくまでは、完全にコントロール下にあるわけで、かわいい子どもを独占しても、誰にも文句を言われません。

子どもがいることによって、与える喜びを体験することができます。

愛の意味、人生の意味も、子どもとのやりとりで教わる女性も多いと思います。

それだけ聞くと、子どもを産んでいない女性は、子どもがいる女性に対して、「幸せでいいなぁ」と思うかもしれません。

けれども、結婚したからといって幸せになれるとはかぎらないのと同じで、子どもを産んだことで苦労が絶えないという人もいます。

たとえば、子どもが病気で看病しなければならないという人もいます。

からだは元気でも、子どもが引きこもっていて悩んでいるという人もいます。

成人した子どもが、借金を抱えて帰ってきたという人もいます。

子どもの結婚相手がＤＶで悩んでいる人もいます。

孫が非行に走って、子どもの家族がぐちゃぐちゃになって、心配で夜も寝られないという人もいます。

そういうふうに見ていくと、子どもがいると幸せも大きいぶん、不幸も大きくなる可能性があるのです。

子どもを持ったことによって、夫婦関係が悪くなることもあります。

娘に旦那をとられた、息子に妻をとられたという感じは、どんな親も経験していると思います。けれども娘や息子は血がつながっているので、一生縁を切れません。

親にしてみれば、いい子どもが来てくれることを願いますが、子どもがどう育つかというのは、コントロールがきかない部分もあるわけです。

子どもを持つリスクというのは、いったん母親になったら、一生その関係から逃げられないところです。「もうイヤだ」と思っても、簡単に縁を切ることはできないのです。

その子が幸せになるのか、不幸になるのか、健康にすごすのか、病気になるのか、どういうパートナーシップを持つのか、どういう仕事を持つのかということが、あなたの幸せに大きな影響を与えます。

たとえば子どもが受験に失敗したり、失恋したり、事故に遭ったりすると、母親は、やはり精神的に影響を受けるでしょう。

子どもが、不幸のどん底にいるときに、幸せにしていられる母親はいないはずです。

そういう意味では、子どもは、母親にとって、子会社みたいなものです。

子会社が赤字になれば、連結決算で、親会社に負担が及びます。

「別会社なので」とクールに言えたらいいですが、そうは感じられないはずです。

会社なら潰《つぶ》したり、売却したりできますが、子どもとはそうはいかない、ということが、子どもを持つことのリスクではないでしょうか。

子どもが優秀で親孝行で、何の文句もないということもありえます。しかし、そんなことを望んでも、実際には、心配をかける子どものほうが多いのです。

もちろん、それこそが親の幸せだ、と割り切るのもありでしょう。

ギフトチャイルド、シャドーチャイルド

子どもを持っている女性ならわかると思いますが、我が子には特別な感情を持ちます。約10ヶ月は自分のからだの一部だったので、ある意味では当然とも言えますが、感情的に、上手に分離できない母親もたくさんいます。

たとえば、子どもが自分の思い通りになると考えてしまって、あれこれ口を出すようなタイプの母親がいますが、間違いなく嫌われます。

どうして、そうなってしまうかというと、子どもが感情を揺さぶられるからです。子どもには「ギフトチャイルド」と「シャドーチャイルド」の2種類があります。

モラル的には、「我が子ならみんなかわいい」となるべきですが、そんなことはありえないのは、多くの人が体験してきたのではないでしょうか。

兄弟姉妹のうち、どう考えても、お兄ちゃんが、お姉ちゃんが、弟が、妹がえこひいきされていると感じた人は少なくないはずです。

そして、それは、現実に起きています。なぜなら、親から見ると、ある子どもは、かわいくて仕方がなくて、目のなかに入れても痛くないという感じになります。これがギフトチャイルドです。

逆に、シャドーチャイルドは、やることなすことが親のカンに障《さわ》り、親のイライラ、怒りボタンを押しまくる子どもです。彼らは、両親の影の部分をあぶりだすのです。

虐待が起きるのは、そういう子どもたちが、親の激怒り、暴力のスイッチを入れてしまうせいだと私は考えています。

決してその子が悪いわけではありません。親子の特質の組み合わせで起きる不思議なメカニズムではないでしょうか。

基本的には、自分の見たくない姿を見せる子どもが、このシャドーチャイルドになります。「いい加減」「無責任」「ぐうたら」「ぐず」といった、自分だと認めたくない、そうなりたくない部分を子どもがやってみせます。

たとえば、女性のセクシャリティーを抑圧しているタイプの母親には、なぜか子どもなのにやたらと色っぽい娘が生まれたりします。幼稚園で、男の子に色目を使ったり、キスをして問題になったりするケースが、これに当てはまります。

まじめに生きてきた母親にしてみれば、男性に媚びを売ったり、セクシーさを武器にするなどは犯罪としか思えない、とんでもない行為です。

平気でウソを言ったり、ずるいことをしたり、万引きをする子どもが、正義感が強い警察官とか、教員の家庭でできることが多いのも、このメカニズムのためです。

シャドーチャイルドと向き合うには、根気と知性の両方が必要です。彼らには、親の癒やされていない部分に光を当てる天才的な才能があります。

なぜ、そういうことが起きるのか、いずれ専門家の研究で明らかにされていくでしょう。

あなたが、どうしても子どもを愛せない、正面から向き合えないとき、そういう子どもがいるという知識があると、気持ちが楽になるのではないでしょうか。

あなたのお子さんが、どちらのタイプかわかりませんが、これを踏まえて、どうつき合うのか、考えておきましょう。

子育てを楽しめる時間は、思ったより短い

子育ては、多くの女性にとって、あっという間に過ぎてしまう時期でもあります。睡眠不足と闘っているうちに、子どもが乳児から幼児に成長し、気がついたら、幼稚園に行くようになっています。

また、下の子が生まれて、赤ちゃんのほうに意識がいっているあいだに、上の子は小学生になっていたりするのです。

そうやって、怒濤《どとう》のように時間が流れ、気がついたら、子どもは親のことを気にもしてくれない年代になっているのです。

友人の男性が、子どもたちが大きくなって、ある日曜日に、気がついたら、家族全員が好きなことをやっていて、誰も家にいなかったと嘆いていました。

奥さんは、友達とスイーツ食べ放題に行った。娘は、友達と映画。息子は野球の試合。せっかくたまの日曜日だからと、ゴルフも入れずにいたのに、父親の自分一人だけとり残されて、寂しかったというのです。

つい数年前まで、みんなで晩ご飯を食べて盛り上がっていたのに、塾、友達、習い事などで、全員がそろう日がなくなった。家族みんなで食事しようとしても、全員がスマホか手帳を出して、スケジュール調整しなくちゃいけなくなった、とぼやいていました。

この例からもわかるように、子どもがある程度大きくなると、家族といえども自動的に集まったり、仲良くしたりということはなくなります。

「誕生日会をやろう」「みんなで旅行に行こう」「コンサートに行こう」といったイベントがないと、なかなか盛り上がったりしませんが。

せいぜい上の子どもが中学生ぐらいで、子ども時代が終わります。なので、それまでは、積極的に思い出に残るようなイベントをつくりましょう。

大人になって兄弟姉妹が話すのは、子ども時代の楽しい旅行や外食、コンサート、野球観戦などの思い出です。

子どもたちは、なにも豪華な温泉の旅を期待しているわけではありません。逆に、泊まった旅館のふとんがかび臭くて、家族全員がくしゃみが止まらなかったといった話が、あとでいつまでも盛り上がれる思い出になります。

泊まらなくても、日帰りでもいいのです。潮干狩《しおひが》りに行ったのに、貝が全然見つからなかった。お父さんが、サメがいるから気をつけろと冗談を言ったのに、小さい弟が本気で怖がっていた。そういうことが、思い出になるのです。

ハイキングに行ったけど、急に雨が降ってきて、全員パンツまでびしょびしょになって大変な目に遭った。そういう思い出は、家族の共有財産です。そして、それは、家族をつなぐ絆でもあります。

あなたがいなくなったあとも、あなたの思い出とともに、ずっと彼らの記憶に残るのです。子どもがまだ小さい人は、そういう思い出をつくってください。

子育ては、せいぜい13歳ぐらいまでです。人間としての交流を楽しめるのは、7、8歳ぐらいから数年です。その後、すっと子どもはいなくなります。

子育てを楽しめる期間は、思ったよりも、短いのです。

妊娠、出産しなかった痛みを癒やす

女性のなかには、妊娠、出産したかったのに、うまくいかなかった人もいるでしょう。

子どもは、授かりものという側面があって、医学でもまだ解明されていないことが多いようです。なので、欲しいと思っていても、なかなか妊娠しないままあきらめてしまった女性も多いと思います。

「子どもなんて、じきにできるよ」

結婚してしばらくしても妊娠しないことを打ち明けた友人から、そう言葉を返されて、「すごく傷ついた」と教えてくれた女性がいました。

慰めの気持ちから言ってくれたのだとわかっていても、「じきに」できないから悩んでいることが友人はピンと来ないようです。

不妊のつらさは、不妊で悩んだ人にしかわからないといいます。

妊娠できないのは、自分のせいだと責めてしまう女性も多いようです。

不妊で悩む夫婦は年々増加していて、不妊治療を受ける人たちは７組に１組といわれています。不妊治療は、心にもからだにも苦痛をともなうものだと、じっさいに治療を受けた女性から聞いたことがあります。

最終的に、不妊治療がうまくいかない場合もあるでしょう。それでも、どうしても子どもが欲しければ、養子をもらうという選択もあると思います。

私の学生時代の友人に、養子として育った人がいますが、彼の家族には、一般の家族よりも深い絆と愛情がありました。血のつながりがないぶんだけ、お互いを思う気持ちが強いのかもしれません。彼の家庭のあたたかい話を聞いて、当時、「うちの家族より、ぜんぜんうまくいっているなぁ」と、うらやましく感じたものでした。

子どもを持つ、持たないということには、女性の感情がすごく動きます。

あなたにコントロールできない要素もあると思いますが、選択できることもあるのではないでしょうか。

第6の扉

家族と人間関係

この人生を誰と一緒にすごすのか

家族は、あなたの最高と最低を引き出す

あなたのこれまでの人生をふり返ると、いい思い出の多くは、小さい頃のイベントだったのではないでしょうか。誕生日をお祝いしてもらったり、プレゼントを買ってもらったり、家族で旅行に行った思い出は、ずっと心に残っているはずです。

それとは反対に、これまでもっともイヤだったことも、あなたの家族とのあいだに起きたことではないでしょうか。

小さい頃、兄弟姉妹とのあいだで起きたことは、一生忘れられないぐらい、許せないことだったりします。それは距離があまりにも近すぎて、遠慮がないからです。

兄弟姉妹で音信不通になっている人たちの多くは、子どもの頃、何かの事件があって、それがしこりになったまま、現在に至っています。

子ども時代のいろんな事件を思い出すと、怒りに震える人がいます。人生で初めて殺意を覚えたのは、兄弟姉妹、あるいは、両親に対してだったという人もいるはず。実際に、包丁をとり出したり、物を壊したりしたことがある人もいたでしょう。それぐらい、家族で起きることには、エネルギーがあります。同時に、「この家族に生まれてよかった！」と感じられたり、「親孝行をしてあげたい」「兄、姉、弟、妹がいてよかった！」と感じたときは、愛で胸がいっぱいになったりします。

この両極端が、同じ人のなかで起きるのですから、家族は実に不思議な存在なのです。中学校や高校の頃を思い出してください。親友とは、トイレまで一緒に行きませんでしたか。逆に、ノリが違うと思ったクラスメートとは、目も合わせなかったということがありませんでしたか。

同じクラスになっても、絶対に友達にならないような性格の人同士が、たまたま兄弟姉妹であったときは悲劇です。両親にしても同じです。性格的に、合う、合わないということが実際にはあり、それを変えることはできないのです。そういう意味では、家庭は、人間関係のレッスンを学ぶ場ともいえるでしょう。

母親との確執《かくしつ》を癒やす

女性と家族についての悩み相談で意外と多いのが、「自分の母親との確執」です。母親がどうしても面倒くさくて、できるだけ関わりたくない、電話がかかってきただけで気持ちがブルーになる、という女性はたくさんいます。

男性から見ると、「どうして、そんなに毛嫌いするの?」と考えてしまいますが、父親と息子のあいだにある、不思議なわだかまりを思い出せば、理解できるはずです。

母親と娘のあいだの癒着《ゆちゃく》には、厳しいものがあります。とくに、父親が仕事や別離で家庭に不在な場合、母親が重くのしかかってくる感じがするという女性は多くいます。

母親の何がイヤなのか、いったい小さい頃から何があったのかを読み解いていかなければ、二人のあいだのわだかまりは、一生消えません。

もし、あなたが母親との確執をとかなければ、あなたに娘がいる場合、世代を越えて、母、娘、孫と、三世代にわたって、同じことが起きてしまうでしょう。

二人のあいだの痛みを癒やす一つの方法は、まず、何が起きたのかを直視することです。おそらく、何らかの深い悲しみを母親が抱えていて、それを娘になんとかしてもらおうと思って、娘をとり込もうとした過去があるはずです。

たとえば、父親が浮気をしていて、その愚痴を小学生のときに延々聞かされた。中学生の多感な頃には、赤裸々な愛人とのやりとりを聞かされ、本当にイヤな思いをした。どうしようもない母親の絶望感をぶつけられたショックと、男性一般に対する嫌悪感が芽ばえて、自分も縁遠くなり、母親を拒否するようになったことが、わかったりします。

そういった傷を一つずつ癒やしていきましょう。すぐに、すべてが解けることはありませんが、忍耐強く癒やしをすすめれば、いずれ、母娘が和解できる日も来るでしょう。

二人のあいだのわだかまりが解けると、女性同士親友のような母娘になれます。なんでも話し合って、サポートし合える関係です。そんな関係を望んでいるなら、自分から行動を起こしましょう。

父親を手放す

母親との確執の話をしましたが、父親との問題を抱えている女性もたくさんいます。

やっかいなのは、自分が父親にしがみついているとは、想像もしていないところです。

40歳を過ぎて独身で、バリバリ仕事をやっている女性と話すと、「父親大好き娘」だということがよくあります。

専業主婦で無能で無力だった母親と無意識のうちに競争して、父親を勝ち得てしまったタイプです。

この種の女性は、小さい頃から父親に認められることをモチベーションにして頑張ってきています。そして、知らないうちに、父親が理想の男性になっていて、それを超える男性にめぐり会えないので、パートナーがいません。

きれいで、有能な女性に多く見られるタイプです。

結婚していても、父親との距離をうまくつかめない女性は多くいます。たいていは、パパ大好きか、面倒で口もきかないかの両極端に分かれるようです。

不思議なのは、どちらのタイプも、父親の本当の姿を知っているわけではなく、過剰にヒーローとして見ているか、ダメで尊敬できない人物として見ているかのどちらかです。

私の講演会で、「お父さんと楽しく二人で旅ができる女性は?」と聞くと、パラパラ手は上がるのですが、「吐きそうです」「考えたくもないです」という女性がいるのには驚かされます。娘を持つ父親としては、悲しい限りです。

この場合も、父親にしばられているといえます。いずれにしても、父親を上手に手放さないと、自分のパートナーとつながることはできません。他の男性に愛されることは、父親を裏切ったり、捨てることになってしまうからです。

父親、母親ともに、健康的な距離を保つのは難しいのですが、うまくできると、人生で安心感を得られます。彼らは、無条件であなたを応援してくれる存在だからです。

娘、息子とも、幸せな距離をとる

両親について話をしましたが、自分の息子、娘についても、お話ししましょう。

娘については、さきほどの母親との関係のくだりで逆の立場を想像してみてください。いろんなことに気づけるのではないかと思います。

自分の体内にいた生き物だから、自分のものだという理論は、子どもには通用しません。

しかし、母親にとっては、息子がまさしくそういう存在です。

ある女性が、5歳の息子があまりにもかわいすぎて、「成長してほしくない。ヒゲ面《づら》になって『ママ』と言われたくない。だから冷凍庫に入れて、永遠に5歳のままとっておきたい」と笑いながらも真面目な顔で言うのを聞いて、母親の愛情の深さと怖さを感じました。息子を持った母親なら、誰しも理解できるのではないでしょうか。

10代になった息子が、初めて連れてきたガールフレンドと、平気でイチャイチャするのを見て、マジ切れしそうになったという母親の話も、聞いたことがあります。

「私以外の女が、呼び捨てで息子の名前を呼ぶなんて許せなかった」と、笑って言っていたそうです。

その気持ちは、男性には全然わかりませんが、母親に好きな女性を紹介する気まずさを覚えている人は多いと思います。紹介するときに、なんとも言えない遠慮があったということは、やはり母親をどこかで裏切るような気持ちがあったということでしょう。

母親にとって、息子を手放すのは、難しいのです。

男の子は、12～13歳から、母親から精神的に自立を始めますが、母親から見れば、ちょっと前まで一緒にお風呂に入ったり、抱きしめたりしていたのが忘れられないのです。

出かけ際に母親に後ろから抱きつかれて、「マジで気持ち悪かった」という男子中学生がいましたが、そんなことを聞いた母親は、切ない気持ちになるでしょう。

さて、娘との健康的な距離ですが、これも気をつけないとなかなかとれないものです。

娘の進路に対して、簡単にダメ出ししたり、頼まれてもいないのに、自分の意見を押しつける母親ほど、嫌われるものはありません。

しかし、自分の付属物である娘の幸せのために気をつけていても、つい本音が炸裂《さくれつ》してしまいます。そこには、母親が本能的に娘を守ろうという気持ちもあるのでしょう。

それが、どれだけカンに障ることかは、しばらく前の自分と母親のことを思い出したら、わかるはずですが、都合の悪いことは忘れてしまうのが人間の性《さが》なのでしょう。

娘とうまくやるコツは、批判しないこと、まずは相手の話を聞いてあげることです。

それだけで、ずいぶん関係が変わってきます。

娘の選んだ男性の容姿、性格、仕事、収入などについても、何も言わないほうがいいでしょう。マイナス点は、娘自身がよくわかっています。それを指摘しなくてもいいのです。

気にしているぶんだけ逆上するか、そこまでいかないにしてもイライラするはずです。

息子、娘といい距離を保っているかどうかは、女性の後半生の幸せを決めます。

たいていの母親が、嫌《いや》がられながら、本音を言うのを抑《おさ》えられません。

あなたには、そういったことを理解して、自分を抑えるだけの知性があるでしょうか。

全員が努力しないと、家族は幸せになれない

ここまで読んできて、「希望がないなぁ」「家族で幸せにはなれないのかなぁ……」と思う人は多いのではないでしょうか。

もちろん、そんなことはありません。幸せな家族は、世の中にたくさんいます。しかし、家族全員が、おたがいを本当に大切にしようと思わなければ、それは実現しません。

家族関係が難しいのは、メンバー全員の年齢が違うために、人生のステージがバラバラなのと、それぞれが大きな悩み、ストレスを抱えながら生活しているためです。

たとえば、父親はお金や仕事のストレスを抱えているかもしれません。母親は、家事、家計のやりくり、義理の両親との関係、健康のことで悩んでいるかもしれません。そして、息子は、学校、進路のことで悩み、娘は、友達やボーイフレンドとのやりとりで、イライ

ラしているのかもしれないのです。

そんな中、食事のときだけアメリカのホームドラマのように、楽しいジョークを言い合うというのには無理があるのではないでしょうか。いろいろあるなかで、家族のつながりを大事にしようと、メンバー全員が意識しないと、家族はバラバラになってしまいます。

一般的な家庭では誰かが強権を握っていて、その人の意見が幅をきかせていることが多いようです。昔は父親だったのでしょうが、最近では母親であることもあります。

世界のなかで、もっとも民主主義化が遅れているのが、家庭です。クラブ活動や会社では、ちゃんと与えられた仕事をこなさなければ、そのグループから追い出されます。

しかし、家庭では、家事をやらなくても、家から蹴り出されることはありません。

そこに、ワガママが許される余地が生まれます。お父さん一人が、まったく家事をやらない、あるいは、受験生の兄、引きこもりの弟が、なにもやらなくていい、といったことが起きます。小さい頃、女の子だから家事をやりなさいと言われて、不公平だと思った女性も多いのではないでしょうか。

そういう公平性のない、ある種の無法地帯だというのが、家庭の一つの側面です。そんなのおかしいと言っても、正しいか間違いかを決める裁判官が、両親だったりすると、控訴する場所がありません。一審判決で、すべてが決まるのです。その裁判官が、公平で愛に満ちた人なら、納得がいきますが、自分勝手で感情に流されたりするわけです。

そういう家庭で育つなかで感じた不公平感がひどかった場合、もう家族には関わりたくないと思ってしまうのも、無理はないでしょう。

健康的な家族は、ルールをちゃんと決めて、それをみんなで守っています。そして、それを破った人は、罰を受けたり、みんなに謝罪をする。そういう公平な仕組みがあって、民主主義は初めて機能するわけですが、家族にそういった民主主義が適応されるのは、まだだいぶ先のことになるでしょう。

ルールを決めて、みんなで楽しく生活する。お互いを思い合い、困ったり、つらかったり、悲しかったら寄り添う。これが家族の幸せのかたちなのではないでしょうか。

兄弟姉妹とのつき合い

あなたには、兄弟姉妹がいますか？

彼らとは、仲がいいですか？

あなたがごく普通の家庭で育ったなら、仲が悪いほどではないとしても、すごく親しいわけでもないという感じではないでしょうか。

別々の場所に暮らしていると、年に、1回ぐらい実家で会って食事をする程度。あるいは、たまにメールのやりとりをするといった人が多いのではないでしょうか。

毎月のように会って食事したり、ましてや、親友のように何でも話せるという人は少数でしょう。

なかには、兄弟姉妹と、疎遠になって長い人もたくさんいます。

弟と10年も会っていないというような人もいます。フェイスブックで弟を久しぶりに見つけたら、なんと、いつのまにか結婚して、子どもまでいたので、とってもびっくりしたという話を聞いたことがあります。

でも、それを話す彼女の様子が悲しげでもなく、すぐに弟さんに連絡したというわけでもなく、どちらかというと、世間話をするような態度だったことのほうに驚きました。

この場合は、やや特殊だとは思いますが、よほど相性がいい場合を除いて、お互いが気をつけていなければ、兄弟姉妹は、疎遠になってしまうものなのです。

ある意味では、高校の同級生と似ています。あるときまでは、人生を共有したけれど、その後は、別々の道を歩んでいる知人といった感じでしょうか。

もちろん、肉親なので、それよりも近いとは思いますが、興味関心が全然違うと、兄弟姉妹も赤の他人のようになってしまいます。

最近、連絡していない兄弟姉妹がいる人は、今日が、ひさしぶりにメールや電話をしてみるチャンスかもしれません。

問題のある家族と
どう距離をおくか

家族とはいい関係でいたいと思っても、逆に、距離を保たなければ、お互いによくないこともあります。それは、相手が、問題を持っている場合です。常識を越えて相手がつき合うのに難しすぎるときは、距離をおくほうが、健康的なこともあります。

アルコールや薬物依存、借金、男女関係の乱れ、犯罪がらみの場合、一定距離をおかないと、家族という名のもとに、からめとられてしまうことがあります。

平気で、境界線を侵してくる両親、兄弟姉妹ほど、迷惑なものもありません。しかし、同時に「親孝行をしなくちゃ」とか、小さい頃のいい思い出があるがゆえに、ノーと言えず、手をさしのべることが、逆に依存症の状態を悪化させることにもなりかねません。

たとえば、アルコール依存症のまわりには、お酒を買ってくるばかりでなく、注《つ》いでしまうような家族がいるのです。借金やギャンブル中毒になっている人に、お金を貸してしまうのも同じ構造です。彼らは「イネブラー」と呼ばれ、相手に必要とされる喜びが強いために、この共依存的関係にはまってしまいます。

なので、家族だけでこの種の問題を解決することは、とても難しく、専門家の介入が必要になります。

家族に関しては、民法でも扶養の義務があるぐらいですから、なかなか縁を切ることは難しかったりします。

困っている家族や親戚に対して、冷たくするのは鬼のようで、とてもできないと感じるかもしれません。ですが、お金を貸しつづけたり、アルコールを与えたり、暴力的な状態を野放《のばな》しにしていては、解決にはつながらないことも知っておきましょう。

境界線を引かなければ、こちらがおかしくなってしまう場合もあります。

いったん、この依存症の状態に陥《おちい》った人が、意志の力だけで、普通に戻ることはなかなかありません。

「もうお酒はやめた」「浮気はやめた」「借金はもうしない」「ギャンブルはやめた」とい

う言葉で反省の色を見せても、しばらくすると、元に戻ってしまうのです。

心から、時には泣きながら謝罪されると、イネブラーは簡単に許してしまい、依存のパターンが強化されていきます。

ここまで読んで自分や家族が当てはまっていると感じたら、専門家のアドバイスを受けることをおすすめします。それぞれの依存症別のサポートグループもたくさんあります。

あなたが依存症になっている場合は、専門家に相談してください。

問題のある兄弟姉妹、両親と向き合うときは、すぐに変わることを期待しないことです。依存症になった本人が、どん底に落ちきるまでは助けられないことが多く、途中でもがいているうちは、なかなか変わるきっかけがつかめません。

依存症の人の家族も、人との健康的な距離がつかめなくなっている場合があります。それが、うまくいかない恋愛、仕事のパターンをつくっている可能性もあります。

上手に子離れするには

子どもを持ったからといって、一生自分のもとから離れないわけではありません。子どもは、いつか巣立っていきます。逆にそうでなければ、心配することにもなります。

子どもはある程度の年齢になったら、それぞれの家族を持ったり、自分の生活を確立して、親べったりというわけにはいかなくなります。

子育てで、子どもが純粋にかわいいと思えるのは小学生ぐらいまでです。15歳を過ぎたら、男の子も、女の子も親から離れていったり、憎まれ口をたたいたりします。

それは、あなた自身のことをふり返っても覚えがあるはずです。

中学生くらいになったら、別に嫌いというわけではなくても、なんとなく親とは距離を置きたいと思いませんでしたか。

高校を出て、大学に入ったり、社会人になったり、という年齢になれば、毎日、親のことを考えるというような子どもはまずいないでしょう。

「これまでに何千万円もかけたのに」と言ったところで、子どものほうは、そんなにかけてもらったという実感もなく、それを返済しようなどとは思ったこともないのです。

どれだけ愛情をかけても、子どもは自分の世界へと旅立ちます。

「空《から》の巣症候群」というのは、40代から50代の女性に見られる抑うつ症状で、子育てが終わって、子どもが家を巣立ったところから、いろんな不調が出てきます。

親離れできない子どもも問題ですが、最近では、子離れできない親のほうが増えているようです。

子育てが終わる時期は、本当にやりたいことをやるチャンスでもあります。そして、自分なりの生きがいを見つけなければ、子どもにしがみつく親になってしまうでしょう。

そんなことにならないように、子どもが小中学生の頃から、親も子も自立できるよう、意識して自分の人生と向き合いたいものです。

まったくの他人が子どもより、身近な関係になることもある

子育てが終わったあとの女性の人生に、まったくの他人であるにもかかわらず、娘同然、息子同然のような人が出てくることがあります。

それは近くに住んでいる人かもしれないし、同じ職場の部下だったり、趣味のサークルで意気投合したりした人かもしれません。

自分が60代、70代になったとき、彼らがわが子以上に支えてくれることがあるのです。

これは、自分の子どもがいる人でも、いない人でも変わりません。

その頃には、たとえ子どもがいても、とっくに独立して家を出ているでしょう。仲が悪いとか、特別折り合いが悪いというわけでなくても、仕事の都合などで近くに住めないというケースはいくらでもあります。

たとえ子どもが近くに住んでいても、1日の大半、あるいは1年の大半を仕事に費やしているということは、少しも珍しくはないでしょう。

子どものいない人の人生についてお話ししましたが、たとえ子どもがいなくても、子ども同然に親しくできる人に出会えれば、子どもがいないことを嘆くこともありません。

子どもが成人するまでには1人あたり何千万円もの費用がかかるといわれています。それだけかけても、自分の思い通りに育つとはかぎりません。というより、思い通りに育つことは稀《まれ》と言ったほうがいいでしょう。

そのうえ、実の子どもは選べません。途中で返品したくてもできないのです。

自分の老後を楽しくしたいという視点で考えると、何千万円かけて、面倒見の悪い我が子を育てるより、我が子同然に慕《した》ってくれる年下の友人をつくることのほうが、遙かに実利的かもしれません。

やや極端ですが、老後のすごし方を考えるとき、誰と一緒にいたいのかも考えておくといいのではないでしょうか。

ゼロ歳から20歳まで育てたわけではなかったとしても、若い頃に知り合って、長くつき合っているうちに、「この子は私の息子だ」「私の娘だ」と思えるようないい関係に発展していったとしたら、それは自分の子どもを持つのと同じようなものです。

血のつながりだけが、絆になるわけではないということです。

ある程度の年齢がいってから、一緒にいて楽しいのは、だいぶ年下の友人です。自分の子どもと同じぐらいか、もっと下の友人と一緒に演劇や映画を見に行ったり食事をするだけで、気分が若返ります。

また、彼らが結婚して子どもを産むと、孫のようにかわいく感じるでしょうし、経済的にちょっと援助してあげるなどすると、本当に我が子、孫のようになるかもしれません。

そのためには、年下の友人を大切にすることです。そして、一緒にいたいと相手に慕ってもらえるような人徳をあなたが備《そな》えなければなりません。

それができれば、自分の子どもがいなかったり、遠くに住んでいてなかなか会えない場合でも、彼らが自分の家族同様の存在になります。

これからは、そういう家族のかたちもあるのではないでしょうか。

人間関係は、幸せ、不幸の源

さきほど、家族は、あなたの幸せ、不幸を決めるという話をしましたが、人間関係も同じです。

転職の理由のトップに、人間関係が来ることからも、人とうまくやっていけるかどうかが、その人の幸せに大きな影響を与えていることがわかります。

あなたも、これまでに、何かのグループに属しているとき、最高の気分と、最低の気分の両方を味わったことだと思います。

家族、親戚は、学生時代のクラブ活動、趣味のサークル、親戚、会社など、さまざまなグループだったでしょうが、その構成メンバーに、どんな人物がいるかで、空気が全然違ったのを誰しも経験しているでしょう。

人間関係が最高のときは、友情、信頼、愛情がいっぱいあったはずです。一方、最悪のときは、恐れ、不安、イライラ、憎しみなどが渦《うず》巻いていたはず。

いま、あなたの人間関係は、どんな感じですか？

家族、友人、仕事関係の人たちと、うまくやっていますか？

それとも、なんかしっくり来なかったり、あまりつき合いたくない感じでしょうか？

あなたは、彼らのことが大好きですか？

また、あなたは彼らに好かれていますか？

あなたが相手のことを好きになって、その人もあなたに好意をいだくことで、人間関係は深まってよくなっていきます。

この交友関係が、あなたを幸せにします。彼らと毎日会っていなくても、ふと思い出すだけで心が温かくなる、そんな関係が大事なのです。

では、人間関係を上手に持つにはどうしたらいいのでしょうか？

そのためには、「人は感情で動く」という事実を理解することから始めましょう。

人は、あなたの期待通りには、まず動かないということも知っておいてください。

人間関係の最大のトラブルは、つまるところ、「なぜ、あんなことをするのか理解できない」というのと、「なぜ、やってくれないのかわからない」という2つになります。

自分のカンに障ることばかりされる、あるいは、自分が望むようにやってくれないと言いかえてもいいかもしれません。

「失礼なことを言う」「無神経な振る舞いをする」というのが前者。「家事をやってくれない」「子育てに協力してくれない」「やさしい言葉をかけてくれない」というのが後者です。

人間関係を見ていくと、いい関係では、この期待をお互いが健康的に満たし合っていることがわかります。相手に対する過度な期待を上手に手放すことができたら、それだけでもずいぶん関係を好転させるものです。

逆に、この相手に対する期待が大きくなってしまうパートナーや親友との関係がこじれやすいのも理解できるでしょう。

女性の友情

女性の友情についても触れておきましょう。

あなたには、どんな友人がいますか？

相手は学生時代の同級生、会社の同僚、趣味のサークルで知り合った人でしょうか？

その友達と、どれくらい親しくて、どの程度深い話ができますか？

自分の恥ずかしいことも洗いざらいしゃべっている間柄でしょうか。それとも表面的に世間話をする程度でしょうか。

お互いを思いやる友人関係は、人生でもっとも素晴らしいものですが、人によって、友情に対する考え方は全然違います。

あなたの両親を考えてみましょう。父親、母親のどちらかは、友達がたくさんいるのに、もう一方は、友達が一人もいないということがあったのではないでしょうか。

友人をつくるのが得意な人と、苦手で面倒に感じる人の両極端がいるものです。

あなたは、友情を育《はぐく》むのが得意ですか？

得意な人は、どこに行っても友達をつくってくるし、苦手な人は、職場の人とも普通のつき合いしかせず、年賀状も、少ししか出さないでしょう。

今いる友人と、友情をもっと深めたければ、ふだんしない話をしてみることです。自分の子ども時代の話、つらかったことや悲しかったこと、失恋、そして、うれしかったこと、自慢に思っていることなど、自分のことを話してみましょう。

そして、友達のことも聞いてみましょう。そうやって、友情は深まっていきます。

彼らは、あなたのことをどれくらい知っていますか？

また、あなたは、彼らのことをどれくらい知っているでしょうか？

ふだん、ちょくちょく連絡をとり合っている間柄でも、意外に知らないことは多いものです。そうやって、いままで自分が知らなかった側面を見聞きして初めて、その人物の立体的な姿が見えてくるのです。

さて、友人はたくさんいるのに、親友ができないという悩みを抱える女性もいます。

女性同士の友情には、微妙なライバル心が出たり、遠慮が出たりします。

どちらのほうが素敵な男性に選ばれるか、どちらのほうが女性として価値が高いかなど、見えない競争心、虚栄心が二人の友情を邪魔するのです。

そういったものを越えて親友になれるかどうかは、相手のことをどこまで本気で考えられるかにかかってきます。

たとえば、全然その人に合っていないパートナーを紹介されたとき、ただの友人なら、「素敵な人」と適当にポジティブなことを言って、ごまかすでしょう。

でも、親友なら、「あの人は絶対にやめたほうがいい」と言うのではないでしょうか。

そうやって、言いにくいことも言い合ったり、相談できるのが、親友です。

質の高い友情を持つことができれば、人生の楽しみは何倍にもなります。

そのためには、自分からリスクを冒《おか》して、相手に飛び込むことです。

それで、友情が壊れてしまうこともあるかもしれませんが、そのときは、縁がなかったと考えましょう。恋愛と一緒で、親友を見つけるには努力がいるのです。

第7の扉

病気と老いに向き合う

女性の人生を変える病気と死

病気と向き合う

健康でありたいと願っていても、時には、病気になることもあります。風邪ぐらいだと、しばらく休めば治りますが、もっと大変な病気もあります。自分が病気になる場合もあるし、両親、パートナー、子どもが病気になることもあるでしょう。

女性の場合、まず、両親のどちらかが倒れたことで、人生が大きく変わることはよくあります。介護のために、都市部から田舎に戻ってきてくれと泣きつかれ、本当はもう少し都会で仕事をしたかったのに、実家に帰る女性は結構います。

すると、都会的なセンスを持ったままなので、田舎に住んでいる男性とは、話がかみ合わず、婚期を逃してしまうということはよくあります。

なので、両親が病気になったとき、どう対応するのかは、女性の運命の分岐点になりえるでしょう。

また、自分自身の病気、パートナー、子どもたちの病気も、女性の運命の歯車が大きく狂う瞬間です。

子どもが病気の場合、どちらかが仕事を辞めざるをえなくなると、収入が大幅に減ります。また、主に収入を得ている人が病気で倒れた場合も、家をローンで買っていたりすると、すぐに支払いに困ります。あるいは、子どもの大学の費用を出そうと思っていたのに、それができなくなったり、さまざまな問題が病気をきっかけとして起きてきます。

女性にとって、病気というのは、人生を大きく狂わせる一つの要素です。かといって、生活習慣病以外は、簡単に予防することができるわけでもなく、受け入れざるを得ません。病気をきっかけに人生が変わる女性は多いわけですが、まさかのときの準備をしておく必要があります。

結婚している場合は、パートナーとよく話しておくといいでしょう。また、家族全員で万が一のときはどう対応するかということを、ふだんから話題に出すことで、お互いへの感謝も増すのではないでしょうか。

親の死を迎えるとき

自分の両親が死を迎えるときも、女性の運命が大きく変わるときです。それが若いときだと、進学、就職、結婚などに、直接影響を与えることでしょう。

子どもの頃の親の死は、一生を通して引きずってしまうくらいのインパクトがあります。親が死んだのは、自分のせいだと無意識のうちに罪悪感を持ったり、親のガイダンスがないまま、社会に放り出されて、心に穴が空いたように感じたりする人もいます。

親を亡くして早くに結婚する人のなかには、ハッピーな家庭を持ちたかったという人がいます。それだけ親の死は、影響を与えているのです。

20代、30代のときの親の死も、乗り越えるにはしばらく時間がかかるでしょう。自分の花嫁姿や孫を見せてあげられなかったという、悔しくて寂しい気持ちを引きずる女性は多いと思います。

もし、親の死が、あなたが50代以降に起きた場合は、ある意味でそれは運命なので、悲しかったり、寂しかったりするものの、比較的受け入れやすいでしょう。

親の死をきっかけとして、自分の残りの人生をどう生きるかを考えることになります。親がいつまでも元気だと、ある意味で油断しますが、親が亡くなると、自分の人生も有限だということがはっきり実感されるものです。

親の死に方も、あなたに影響を与えます。自然死の場合は、感情的にそこまで揺れ動くことはないはずですが、事故や自殺で亡くなった場合、長く苦しむ人もいます。

家族がそういうかたちで亡くなった人は、自分のなかにある怒り、罪悪感などの感情と折り合いをつけなければならないでしょう。

家族の誰かが不幸なまま亡くなったとしたら、申し訳なさや自責の念から、なかなか自分が幸せになることを許せなかったりします。でも、亡くなった方は、きっとあなたの幸せを心から願っているはずです。

孤独と絶望に向き合う

女性を不幸にする要素として、孤独があります。一人暮らしの人はもちろんですが、結婚していても、パートナーが忙しかったりすると、家で一人ご飯ということもよくあると思います。子どもがいても、一緒にご飯を食べるのは、せいぜい小学校のうちで、中学に入れば、部活や塾で、一緒に晩ご飯を食べることは少なくなります。

その子どもたちも独立してしまうと、パートナーと二人きりの生活です。にぎやかだった家がシーンと静かになると、寂しさが募る女性も多いと思います。

介護しなければならない両親がいると大変ですが、孤独は感じにくいかもしれません。そんな状況でもないと、一日中一人ということも珍しくなかったりするからです。

孤独と同じように、ふだんから絶望感や無力感に襲われる女性もいます。うつにならないまでも、けだるさを訴える女性は、案外多くいます。

それは、パートナーシップや仕事、お金、家族、人間関係、健康のいずれかの分野でうまくいかないときに持ちやすい感情です。どう考えても、将来が暗い感じがして、絶望してしまうのです。生きていても仕方がないという気分になったり、自分なんていないほうがいいんじゃないかという考えが、頭から離れなくなったりするのです。

更年期と、子どもが独立したり、夫の仕事が忙しくなったりする時期が重なると、人生を投げ出したくなる女性もいるでしょう。シングルの女性も、ときどき生きていくのが面倒になることがあるかもしれません。

そんなときに助けになるのが、友人の存在です。気軽に連絡できて、話せる友人がいれば、ずいぶんと孤独は癒やされます。同じような境遇にいたり、価値観が似ている友人となら、一緒に食事するだけでも、心が晴れやかになるのではないでしょうか。

また、ある程度、忙しくすることも必要です。朝起きて、いろんなプロジェクトがあれば楽しくなってきて、一人でいることを忘れます。あなたがやっていて楽しいこと、ワクワクすること、ボランティア活動などをぜひ見つけてください。

自分の病気、老い

私たちの人生も、いずれは終わります。それは、来年かもしれないし、数十年先かもしれません。それは寿命というもので、あらかじめ知ることはできません。

ただ一つ確実なのは、いずれその日がやってくるということです。

生き方上手な人は、自分がいつかは死ぬ運命にあるということを常に意識しています。なので、逆算して、自分にとって本当に大切なことを毎日やるようにしています。

ですが、私たちの大半はその日暮らしで、やらなければいけないことに追いまくられて、気がついたら一日が終わっているのではないでしょうか。

ある程度の年齢になってくると、自分の病気、老いと向かい合う時期がやってきます。

人によっては、それは40代から始まるかもしれません。持病を抱えている人は、20代から、このプロセスが始まるでしょう。なかには、完治しない病気にかかる人もいます。そのときは、それを宿命と考えて、上手につき合うしかないのです。

いずれにしろ、私たちがいずれは消えていく存在だという気づきを早く持ったほうが、人生を充実させやすくなるのです。

50代になってくると、確実に、心身ともに衰えを感じはじめます。だからといって、すぐに人生が終わりになるとはかぎりませんが、人生の着地点もなんとなく見ておきましょう。自分の人生が終わる前に、絶対にやっておきたいことが何か、また、やらなかったら後悔することが何か、時間をつくって考えましょう。

30代、40代は、仕事や家族のために忙しく時間を費やすことになりますが、50代からは、本当に自分のために生きられる年代でもあります。

60代、70代になると、できないことを上手にあきらめて、できることを楽しむことです。高山に登ったり、１００メートルを全力疾走できなくても、幸せにはなれます。人生が終わるとき、「ああ、本当に素晴らしい人生だった」と言える生き方をめざしましょう。

大切な人に、感謝とお別れを伝える

あなたは、どれだけ冷静に、自分の死と向き合えますか？

一般的なイメージは、家族や友人に囲まれて、最後の言葉を残して、惜しまれながら死んでいくといったものではないでしょうか。

しかし、実際の死は、それよりももっと突然やってきます。私が、いろいろ聞いた例でも、亡くなる直前に、お別れを言えた人のほうが少数派です。

なぜなら、事故や突然の病気で倒れる場合が多いからです。脳卒中、心筋梗塞などの病気で倒れると、そのまま意識を失って亡くなる可能性が高いものです。

ガンなどで、徐々に衰弱していくような病気であれば、本人も家族も、ある程度の心の準備はできます。しかし、闘病中に突然意識を失って、そこからしばらく昏睡《こんすい》状態が続いて亡くなると、お別れを言うタイミングがないままになります。

そういうことを考えると、ふだんから、家族、友人への感謝を伝えておくといいのではないかと思います。

私の両親は、二人とも亡くなっていますが、生前、実家から帰るときには、毎回今生の別れになるかもしれないと思っていたので、しつこいぐらい愛と感謝を伝えていました。

さきほどの話のように、それぞれ別のタイミングですが、二人とも急に倒れて入院しました。その後、昏睡状態に陥った両親のどちらにも、しっかりとお別れを言う機会はありませんでした。ですが、毎回別れ際に、感謝の気持ちを伝えていたので、そのことに関しては、後悔しなくてすみました。

あるとき、友人とその話をしたとき、母親とあまり話していないと言っていた彼に、一生で一回は、ちゃんと母親とハグをしたらいいと強くすすめました。

その話のあと、ふだんはお正月にしか実家に帰らない彼は、お盆に合わせて帰省して、「お母さん、これまでありがとう、感謝している」と照れくさいのを我慢して伝え、思いきってハグしたそうです。

彼のお母さんは、最初は恥ずかしそうにしたそうですが、息子にぎゅっと抱きとめられて、「こちらこそ、ありがとう」といって、涙を流したそうです。

そのうれしい報告から数ヶ月して、また彼が電話をかけてきました。そのときは涙声で、最初は何を言っているのかわからないほどでしたが、彼のお母さんが、交通事故で亡くなったとのことでした。

しばらくして落ち着いた彼は、「亡くなる前に、感謝を伝えることができて、母親をハグすることができて、本当によかった」と泣きながら言っていました。

あなたが旅立つとき、最後に感謝や愛を伝えたい人は誰ですか？

どういう感謝を相手に伝えたいのでしょう。

わざわざ伝えなくても、わかってくれているはず、とあなたは思うかもしれません。

でも、しっかり言葉で伝えることも大事です。あなたが愛する人も、それを聞きたいと思います。相手の目を見て、しっかり愛と感謝を伝えましょう。きっと、これまで以上の絆を感じるはずです。

もう一つの扉

女性の幸せの見つけ方

自分の運命と宿命を知る

「人生は自分の思い通りにならない」と考えておく

幸せをつかめない女性の多くが、口をそろえるように言う言葉があります。
それは、「こんなはずじゃなかった」というものです。
女性が、ため息とともに、がっかりする瞬間には、こんなものがあります。

□ 志望校に合格できなかったとき。
□ 第一希望の会社に就職できなかったとき。
□ 大好きな人とではなく、お見合いで結婚を決めたとき。
□ 旦那さんが浮気をしたとき。リストラされたとき。
□ 子どもが非行に走って、警察に迎えに行くとき。
□ 自分が誰にでもできるパートの仕事を始めたとき。

□ひさしぶりに全身鏡で自分を見たとき。
□シワ、シミをお化粧で隠しきれなくなったとき。
あなたも、こんなはずじゃなかったとため息まじりにつぶやいたことがあったでしょう。

けれど、その言葉の裏には、その逆のイメージがあったはずです。
□志望校に進学、会社に就職する。
□理想の人と結婚する。
□旦那さんが優秀でずっと自分を愛してくれる。
□子どもが、素晴らしい子に育つ。
□才能を見つけて、楽しく仕事をする。
□女性として、いつまでも、きれいでいられる。
しかし、実際には、すべてをかなえるには無理があります。あなたのコントロールできないことばかりともいえます。自分の思った通りにならなかったことに、がっかりしたり、落ち込んだりするのは、ごく自然なことかもしれません。

でも、それだと一生、幸せを感じることは難しくなります。

なぜなら、人生とは、思い通りにはならないものだからです。

これまで、たくさんの幸せな70代、80代の女性にもインタビューしてきましたが、その人たちも口をそろえて、「こんな人生になるとは、思いもしなかった」と言います。

□ 戦争で、家族が死んだ。

□ 子どもの頃、医者になりたかったけど、家の都合で、小さい頃から商売を始めた。

□ 大学には行けなくて、高校卒業してすぐに働きはじめた。

□ 結婚しようと思った男性に裏切られて、別の人と結婚した。

□ 何度か流産して、子どもが産めなくなった。

□ 仕事で何度も失敗して、破産も体験した。

□ 旦那さんが次々に病気で亡くなって、3回結婚した。

□ なぜか流れ流れて、北の田舎町に30年も暮らしている。

数十年たって、当初は思ってもみなかった場所にいて、想像もしたことのない仕事をして、それでも楽しく暮らしているというのです。

「後悔していませんか?」と聞くと、「そうねぇ、思ったのとは全然違ったけど、これはこれでよかった気がする」と、また、みなさん、同じような言葉を使います。

たとえて言えば、レストランで注文したものと違ったものがテーブルに運ばれて、「まぁ、いいか」と思って食べはじめたら予想外においしかったという感じでしょうか。

「人生は自分が思い描くようにはならない」けれど、考えようによっては、それはそれでいいのかもしれません。

実際、理想通りの人生を生きられているという人には、会ったことがありません。

私たちは、つい、「なぜこうなるの？」と、想像したのとは違った展開にイライラしたり、落胆したりしがちです。

でも、「人生は、自分が思った通りにならない」と知っていれば、どんなことが起きても、こんなもんかと、余裕を持って受けとめることができるのではないでしょうか。

そうならば、最初から多くを期待せず、来るものを拒まずに、受け入れて楽しむということもできるかもしれません。

女性の「宿命と運命」

人生は「宿命」と「運命」という要素でできています。産まれたときに決まっているのが宿命。自分が選びとることのできるのが運命です。

宿命とは、あなたの両親、家柄、経済状態、あなた自身の健康、才能、容姿など、最初から決まっていて、変えられないものです。あなたの前にお兄さん、お姉さんが生まれていたこと、親戚が相続でもめたこと、小さい頃に両親が離婚したことなどは、あなたがコントロールできません。

運命とは、あなたが、どういう学校、友人、恋人、会社を選ぶか、人生でどれだけ努力するかなど、あなたが決められる範疇のことを言います。

実際に、どんな人とつき合うか、留学する、しない、就職する、しない、結婚する、しないは、あなたが決められることです。

もちろん、両親や友人たちに影響されることはあるでしょうが、基本的には、誰もあなたに無理強《じ》いすることはできません。

若くして病気になる、事故に遭うなどは、宿命です。けれど、食習慣、運動、睡眠時間などの選択で、あなたの健康状態をよくすることはできます。

先天的な病気は、宿命。生活習慣病は、運命と言えばわかりやすいでしょうか。

あなたが、どういう両親のもとに生まれたのかは、変えられません。

しかし、彼らとどうつき合うかは、決めることができます。

いまのパートナー、家族とも同じです。このまま人生を共にすることもできるし、別々に暮らして、二度と連絡をとらないということもできます。

そういう点では、未来に関しては、結構な自由裁量があるのです。

あなたの目の前には、いろんな選択肢があります。

転職するかどうか。

独立するかどうか。

結婚するか、しないか。

結婚している場合、もっと相手と親密な関係になるか、離婚するか。

仕事を中心に生きていくか、家庭、ボランティア中心で生きていくか。

――など、選ぶことがいっぱいあります。

なかには想定外のことも起きて、「どれを選んだらいいのかわからない」という状態にもなるでしょう。

それでも、選ばなければならないのです。何も選ばなければ、あなたに選んだつもりがなくても、結果的に「昨日と同じ状態」を選んだことになるのです。

どうせなら、積極的に選んだほうが、のちのち後悔しなくてすみます。

自分らしい生き方を見つけたとしても、いつも思った通りにうまくいくわけではありません。急《せ》かされて、いろんなことを選択しているうちに、「あれでよかったのかなぁ」と思うことも、たくさんあとで出てくることでしょう。

大事なのは自分の宿命と運命に折り合いをつけることです。でないと何をしても、いつまでたっても、心の平安は得られないままということになってしまいます。

どんな人にも
幸せで面白い人生は用意されている

いまの人生を退屈だなと思っている人でも、ものの見方やライフスタイル、ふだんの行動パターンを少し変えてみるだけで、面白い人生がスタートすることがあります。

変えたいと思っても、何をしていいかわからない人は、自分のなかで、「それをするのは、ちょっと怖いな」と思うことに、あえて挑戦してみましょう。

それは、歌やダンスを習うこと、ずっと行きたかった場所をネットで調べはじめることかもしれません。

怖ければ怖いほど、それは、人生を変える力を持ちます。

たとえばそれは、ある人には転職すること、あるいは、恋人と同居したり、結婚することかもしれません。または、結婚相手と、別居、離婚することかもしれません。

人それぞれ状況は違うと思いますが、自分のなかで「あること」が浮かんできたのだとしたら、思い切って、「やってみよう！」と決めることです。すると、ちょっとワクワクしてしまう自分がいるはずです。

それを実際にやってみると、いままで考えたことのなかった仕事のやり方を思いついたり、働く場所、一緒に働く人まで変わっていったりします。

たとえば、たいていの人には、自分が一緒に働く人を選ぶ自由はありません。けれども、自分が起業して雇い主になれば、誰と働くかは１００パーセント自由意志で決められます。

起業したり、転職したりしても、成功するとはかぎりません。でも、そのリスクを冒すことで、運命は変わるのです。

人生には、いくつもの扉が用意されています。

その扉を開けるのは怖いものです。「この道だ」と思っても、ドキドキしたり、不安になったりしますが、でも、それを開けるたびに人生は面白くなるのです。

なかには、怖くない扉もあります。

開けるのが簡単で、向こうには安心した世界が待っていると知っている扉。それを開ける前から保証されている「安定、安全の扉」です。

そこは、大きな失敗や間違いがなく、後ろ指をさされたり、批判されたりしない世界です。友人や知人からも、受け入れられるかわりに、あんまりワクワクしない場所です。

なぜなら、あなたはその世界のことをよく知っているからです。

一方、先ほどから見ている「怖い扉」の向こうにはどんな世界があるのでしょう。危険なこともあるでしょうが、想像以上に面白い世界があなたを待っているはずです。

怖い扉は開けるたびに、ワクワクが増えていきます。安定の扉ばかりを開けていると、人生はどんどん退屈になっていきます。

あなたは、これまで、どちらの扉を開けてきましたか。

そして、これから、どちらの扉を開けていきたいですか。

その選択次第で、あなたの運命は大きく変わっていくでしょう。

自分の運命を変えよう

さきほども話しましたが、人間には、宿命と運命があります。運命はあらかじめ決められたもので、自分では変えられないものだと思いがちですが、そうではありません。運命は、自分の手で選べるものです。

たとえば60代で未婚の女性に聞いてみると、「少なくとも何回かは結婚するような可能性があった」といいます。あるいは、離婚してそのまま60代になった人でも、「じつは何人か気になる男性はいた」ということが結構あります。

「そのときに、どうして結婚しなかったんですか」と聞くと、「仕事のほうが楽しかったのよ」とか「ちょうど親の具合が悪くなって、看病しているうちに、7年たってしまって……」といった答えが返ってきます。

そのせいで誰かとつき合ったり、結婚することがないまま、いまに至ったというのです。

もちろん、その間に、まったく何もなかったというわけではありません。

友人のパーティに誘われたり、友達の結婚式の2次会で、素敵だなと思う人がいて、話したら結構気が合って、一度はデートしてみた。でも、なんとなく億劫《おっくう》になって、自然消滅した。そんなこんなの積み重ねでシングルのままで来たわけです。

そうして見ると、何を選択するのかで、人生は大きく変わることがわかります。

「もしも、あのときイエスと言っていたら、いまとは違う人生だった」

そう思うようなことは、誰にも一度や二度はあるのではないでしょうか。

コンサート、講演会、パーティに友達に誘われたときに、「イエス」と言ってみる。

短期留学するチャンスがあるときに、「イエス」と言ってみる。

デートに誘われたときに、とりあえず1回は行ってみる。

それが、怖い扉を開けていくということです。

「誘われても断ってしまった」といったことは、誰にでもよくあるでしょう。タイミングが合わなかったということもあります。でも、それもまた、自分の選択なのです。

誰かに誘われる、何かをすすめられるというのは、人生に何百回もあると思います。その都度、どんな誘いも断ってしまう人生と、支障のないかぎり、とりあえず受けてみる人生は、面白さが違ってくるはずです。

これは、すべての人に言えることですが、新しいエネルギーにイエスと言うのか、あるいはイエスと言わないのかで、運命は変わります。

いま主婦の人、仕事をしていても退屈に感じている人は、これまでの自分の行動半径をより大きくしていきましょう。

職場と自宅の往復や家事だけをやっていては、世界が広がるはずはないのです。

直感的に、ピンとくることがあったら、何でもいいからやってみましょう。

それは、たとえば、趣味や習い事を始めることでもいいのです。とにかく、いままでの生き方のノリを変えていくことです。

そして、目の前に来るものに対して、自分からどう関わっていくか——その選択肢の掛け算が、あなたの人生をつくっていくのです。

「あなた」が、幸せのルールを決めていい

現在、女性としてのあなたが幸せかどうかは、「どれだけ愛に恵まれたのか」によると思います。

恋人やパートナーに愛されたこともあるでしょう。パートナーでなくても、まわりのたくさんの人に、人間的に愛されたこともあるでしょう。

それは、数の問題ではなく、それぞれの体験のたびに、自分がどれだけ幸せを感じられたのかということだと思います。

家族とだけつき合って、慎ましやかに人生を生きるのが幸せだという人もいれば、スターになって、たくさんの人に愛されるのが幸せだという人もいます。

一人の男性に愛されることが幸せな人もいれば、恋多き女性として、たくさんの人と結

婚したり離婚したりというのが「楽しかったわ」という人もいます。

あるいは、男性にも、女性にも愛されるバイセクシャルな女性もいるでしょう。

その人の価値観がどうなのかで、幸せのかたちは変わっていくわけです。

一番の不幸は、自分が幸せだと思える道を選択しなかったことではないでしょうか。

たとえば、本当は仕事がしたかったのに専業主婦のままでいた。

あるいは、誰かに愛されたかったのに、パートナーを見つける努力をしなかった。

そうなってしまったのには、その人なりの理由があるはずですが、でも、厳しい言い方をすれば、それを選んだのは自分自身なのです。

運命は、あなたが変えられます。

自分の幸せは、自分で選べます。

トランプで悪いカードしかまわってこないことがあるように、人生でも、なにもかも自分の都合のいいようにはいきません。どちらかというと、配られるカードの多くが、都合の悪いものだと言ってもいいくらいかもしれません。

けれども、その手元にある悪いカードをどう変えていくかということなのです。

そして、もう一つ。その悪いカードに、どれだけ感謝できるかということも、とても大切です。もしかしたら、もっと悪いカードが来ていた可能性もあるし、そのカードを引いたおかげで、逆に幸せを見つけられるかもしれないのです。

与えられたものに感謝して、それを自分が求めるものに変えていく。これが運命です。

あなたの宿命は、あなたを不幸にするために与えられたのではありません。

人生というゲームの基本は、宿命によって決まります。

しかし、あなたのゲームのやり方やルールは、自分次第で、いかようにも変えていくことができるのです。

何を幸せに感じるのか、というルール。

それは、あなたが決めていいのです。

あなたの決めたルールで、幸せを見つけてください。

人生の目的

ここで「女性にとっての人生の目的」についても触れておきましょう。

男女限らず、人生の目的はその人固有のものです。社会的な業績を残すことを人生の目的にする人もいれば、金銭的な目標が人生の目的になっている人もいます。

逆に、もっとプライベートなこと、たとえば、家族や子どもを幸せにすることや大好きなバラを育てることなどの場合もあります。

どれがいいということはなく、どの活動に意義を感じるかということでしょう。

女性の人生の目的は人によってさまざまです。

幸せのかたちと同じように、社会的なことに、より喜びを感じる人もいれば、ごく身近なことに楽しみを見いだす人もいるでしょう。

あなたは、これまでの人生で、何を大切にしてきましたか？

そして、これからの人生で、何を大切にしていきたいですか？

毎日、本当に大切だと感じることをやれる人は幸せです。なかなか現実的には難しいでしょうが、少しずつでも自分のやりたいこと、ワクワクすることに向かうほど、あなたは、人生の目的に近づきます。

これまでの人生を振り返って、あなたが生まれてきた意味を考えてみましょう。

ヒントは、子ども時代から、現在に至るまで苦しんだこと、つらいと感じたことのなかにあります。

たとえば、小さい頃に、病気がちで苦しんだ女性は、将来、医者、看護師、ヒーラーになって、こんどは、助けるほうにまわったりします。

共依存の家族関係で苦しんだ女性は、カウンセラーになって、家族の和解をサポートすることに喜びを感じるでしょう。

外見や女性らしさに自信がなかった女性が、イメージコンサルタントやスタイリストになって、女性を美しく引き立てることをライフワークにしたりします。

逆に、ポジティブな方向から、人生の目的を見つける人もいます。

小さい頃に、ワクワクしてやっていたことを見ていくと、あなたの人生の目的につながるのです。

たとえば、近所の子どもたちを集めて、おやつをご馳走するのが大好きだった女の子は、大人になって、パティシエになったりします。

学級会で、いつも積極的に意見をまとめていた女性は、起業家や政治家になって、みんなの幸せのために働くことに生きがいを感じるでしょう。

そうやって、あなたの人生の目的は、これまでの人生でのポジティブなこと、ネガティブなことに潜《ひそ》んでいるのです。

あなたの幸せの種も、同じように思わぬところで見つかります。

人生は、トランプのゲームのように、いいカードをそろえていくのが目的ではありません。どちらかというと、若い頃に集まったいいカードは、幸せを感じる邪魔にもなりかねません。

お金持ちの子どもをうらやましく思う人も多いかもしれませんが、幸せという視点から見ると、彼らは、大きなハンディーキャップを背負っているのです。

なぜかというと、彼らは贅沢に慣れてしまって、自分で獲得していくエネルギーが普通の人よりも弱くなっているからです。

たとえば、お金のない状態から成功した場合、その成功がたいしたことがなくても、自分も遠くへ来たもんだなぁと、しみじみ自分の頑張ってきた成果を味わうことができます。でも、もともと成功している両親のもとに生まれた人は、ちょっとやそっとでは、成功した気分にはなれないでしょう。

人生は平等ではありませんが、とても公平にできているのです。

美人に生まれた女性のほうが幸せになれそうなものですが、そのために同じ女性から嫉妬されることがあります。また、美しさに惑わされた男性をたくさん引き寄せてしまうので、本当の愛を見つけ出しにくいこともあります。

そういう意味では、普通の容姿の女性のほうが、パートナーシップは、うまくいきやすいのかもしれません。

世間的には、有利、不利があるように見えて、幸せという観点からは、みんな等距離だといえます。逆に、恵まれているほうが、幸せを感じるには不利なこともあると理解できると、人生は実に面白く、よくできていることにも気づけるでしょう。

あなたは、あなたの人生の主人公です。

社会的なプレッシャーや価値観に惑わされず、自分の生き方を探してください。

あなたが望まなくても、余計なことを言ってくる人は、たくさんいます。

結婚するべきだ、転職するべきだ、そろそろ子どもを産むべきだなど、両親、友人たちが、彼らの人生観をベースに、アドバイスをしてきます。

「あなたのためだから」という大義名分から出てくるおせっかいを、愛のかたちの一種だと理解してあげましょう。それが、暴力だということに、彼らは気づいていないのです。

大人であるあなたは、「ありがとう」といったん受けとめて、「でも、私にも考えがあるの」とさらっと流せばいいのです。

そして、彼らの愛に感謝しつつ、自分の道を軽やかに歩んでください。

「女性としての自分」を愛する

ここまで読んできて、本書という鏡には、あなたのどんな姿が映っていましたか？

なかには、向き合うのが苦しいテーマもあったと思います。

冒頭でもお話ししましたが、この鏡にはいろんなあなたが映っています。

でも、ひょっとしたら、見たくない姿ばかり見た人もいたかもしれません。

「女性としてイケテナイ」「暗い」「かわいげがない」「頑張りすぎ」「空気が読めない」など、誰かに言われたことを思い出して、イヤな気分になったかもしれません。それは、どこかで彼らが言うことが正しいと信じてしまったので、傷ついたわけです。

けれども、あなたの本当の姿は、もっと美しいのではないでしょうか。感受性が豊かで、優しくて、涙もろかったりするあなた。誰も見ていないところで、道ばたの花に話しかけたり、遠くの国で傷ついている子どもたちの幸せを願うあなた。

あなたのそんな美しい部分を知っているのは、あなたしかいません。

ふだん、照れくさくて、つい自分のネガティブなところにばかり目が行ってしまうかもしれませんが、あなたには、素晴らしいところがたくさんあります。

いま一度、女性として、素敵な部分を認めてあげてください。


自分を愛することができれば、幸せへの扉が開きます。

自分を愛してください。

そして、できれば、あなたに縁のあるまわりの人も。

あなたには、素晴らしい感受性と、共感力と、魅力があります。

あなたの愛を待っている人がたくさんいます。

その最初の一人は、あなた自身かもしれません。

おわりに――自分の未来は自分で選べる

本書を最後まで読んでくださって、ありがとうございました。

女性の幸せについて、あらゆる角度からお話ししてきました。何度も繰り返しになりますが、あなたの幸せは、あなたが決めていいのです。

これまでに手に入ったもの、手に入らなかったものが、それぞれあると思います。

それに向き合ったうえで、これからどうするのかを考えてください。

人生では、努力で手に入れられるものと、手に入れられないものがあります。幸せを見出すためには、その違いを見極める冷静さも必要です。

私たちは、自分のなかにある痛みと向き合うのが苦手で、幻想にしがみつきがちです。

白馬の王子が現れる、いい仕事が来る、という幻想にしがみついているうちは、不幸を感じなくてすむかもしれませんが、幸せにもなれません。

これから、あなたの人生がどれくらいあるかは、宿命です。

けれども、誰と会うか、どこに住むか、何をするかは、自由に選択できます。

それが、あなたの運命です。本書であげた7つの扉をどう開けるのかで、あなたの人生には、大きな違いができることでしょう。

意識していただきたいのは、毎日を生きる気分です。

同じお金がない毎日でも、「ああ、貧乏の楽しさを覚えておこう」とニコニコしている人と、「なんでこんなにお金で苦しむんだろう。前世で悪いことでもしたのかな?」と嘆く人では、全然違った気分になるでしょう。

あなたの精神状態が、あなたのパートナーや家族にも影響を与えることになります。

女性には、たった一言で、パートナーや子どもを元気にする力があります。

「あなたなら、できると思う!!」

「あなたが子どもに生まれてきて、お母さん、神様に感謝しているの!」

ちょっとした言葉が、一生、かけがえのないお守りになったりするのです。

また、あなたの言葉は、周りの友人にも勇気を与えるでしょう。

「あなたと一緒にいて、本当に楽しい！」

と素直に言ってもらったら、どれだけうれしいことか。

そんな感じで、あなた発の幸せをつくりだしてください。

人生は、何を感じて、何を考えて、どう行動するかで、できていきます。

あなたがワクワクして、自分を幸せにするものを探して行動するのか、苦しみに意識を向けて、不幸につながることばかりを考えて、何も行動しないのかでは、あなたの人生は、天国と地獄ほど違ったものになります。

どこから始めてもかまいません。新しい行動から始めても、新しい思考から始めても、新しい感じ方から始めてもいいのです。

あなたが、これまで以上に、幸せを見つけ、充実した毎日を送ることを心から願っています。

新緑の美しい八ヶ岳にて

本田　健

著者プロフィール

本田健（ほんだ・けん）

神戸生まれ。経営コンサルタント、投資家を経て、29歳で育児セミリタイア生活に入る。4年の育児生活中に作家になるビジョンを得て、執筆活動をスタートする。「お金と幸せ」「ライフワーク」「ワクワクする生き方」をテーマにした1000人規模の講演会、セミナーを全国で開催。そのユーモアあふれるセミナーには、世界中から受講生が駆けつけている。大人気のインターネットラジオ「本田健の人生相談～Dear Ken」は1600万ダウンロードを記録。世界的なベストセラー作家とジョイントセミナーを企画、八ヶ岳で研修センターを運営するなど、自分がワクワクすることを常に追いかけている。2014年からは、世界を舞台に講演、英語での本の執筆をスタートさせている。

代表作に『ユダヤ人大富豪の教え』『20代にしておきたい17のこと』(大和書房刊)など。著書シリーズはすべてベストセラーとなっており、累計発行部数は600万部を突破している。

女性の幸せの見つけ方
――運命が開く７つの扉

2015年７月１日　第１刷発行

著　者　　本田　健

発行者　　櫻井秀勲
発行所　　きずな出版
東京都新宿区白銀町1-13　〒162-0816
電話03-3260-0391　振替00160-2-633551
http://www.kizuna-pub.jp/

装　幀　　井上新八
本文デザイン　中村美紀
編集協力　ウーマンウェーブ
印刷・製本　大日本印刷

ISBN978-4-907072-35-3

きずな出版